AF588644

OFFRANDE
AUX AUTELS
ET A LA PATRIE.

OFFRANDE
AUX AUTELS
ET A LA PATRIE.

CONTENANT

Défense du Christianisme ou réfutation du Chapitre VIII du Contract Social.

Examen Historique des Quatre beaux Siécles de Mr. de Voltaire.

Quels sont les moyens de tirer un Peuple de sa corruption.

PAR MR. ANT. JAQ. ROUSTAN.

A AMSTERDAM,
Chez MARC MICHEL REY.
MDCCLXIV.

AVIS.

Pour peu que ce premier écrit eût fait de peine à Monſieur Rouſſeau, il ſeroit encore ſous la clé; mais convaincu que pour accorder les droits de l'amitié dont il m'honore avec ceux de la vérité qui lui ſont ſi chers, je ne pouvois trouver de meilleur Conſeiller que lui-même, je n'eus pas plûtôt réſolu d'eſſayer de le réfuter, que je lui communiquai mon deſſein: „ Mon ami ", me répondit-il „ quand nous ne voyons pas la „ vérité au même lieu, c'eſt nous accorder „ que nous combattre": Et non ſeulement il approuva ainſi mon projet, il s'eſt encore rendu le premier inſtrument de la publication de ces feuilles: Pénétré de reconnoiſſance & d'admiration, j'avois voulu les lui dédier, mais il permet à ſes amis des réfutations & non des hommages ; j'y ai moins de regret en penſant combien il m'eût été difficile de lui peindre à mon gré tout ce que mon cœur ſent pour lui : Puiſſe au moins cet avis, en le faiſant mieux connoître à ſes ennemis, calmer la haine de quelques-uns d'eux ! Puiſſent les gens de Lettres qui l'admirent, apprendre auſſi à l'imiter !

DÉFENSE

DU

CHRISTIANISME,

Considéré du côté politique,

Où l'on répond en particulier au Chap. VIII du IVme. Livre du Contract Social.

Amicus Plato, amicus Aristoteles,
Sed magis amica veritas.

DÉFENSE
DU
CHRISTIANISME,

Considéré du côté politique.

Les Loix les plus excellentes peuvent être mal entendues, & donner ainsi lieu aux plus graves accusations. Tel a été en particulier le cas de la Loi Chrétienne: née pour le bonheur & la perfection des hommes, on lui a reproché de leur avoir préparé des chaînes, & enlevé les vertus civiles; Machiavel le premier, Bayle & Mylord Shaftsbury ensuite l'attaquerent de cette maniere, & dernierement Mr. Rousseau lui-même, tout disciple qu'il est de cette Ste. Religion, n'a que trop prouvé qu'il n'en avoit pas bien saisi l'ensemble.

Quoi donc! le Dieu qui nous l'a donnée,

n'auroit vû que la moitié du Syſtême humain? Il n'auroit rétabli les liens qui uniſſent un homme à tous ſes ſemblables qu'en rompant les nœuds encore plus étroits qui l'attachent à ſes concitoyens? Il ne nous eût prêché certaines vertus qu'aux dépens de quelques autres? Il nous faudroit renoncer à la Foi, pour éviter l'eſclavage; & devenir incrédules, pour conſerver notre liberté? Non, jamais l'Evangile ne mérita ces reproches; émané de l'Intelligence éternelle, il en porte l'empreinte auguſte dans tous ſes préceptes & dans tous ſes Dogmes, en ſorte qu'on ne ſait à quoi ils ſont le plus propres, à faire le bonheur des particuliers, ou la proſpérité des Etats.

Mais comme des aſſertions ne ſont pas des preuves, il eſt juſte d'entrer dans quelques détails, & de répondre aux objections que l'on nous oppoſe. O ſi je pouvois guérir d'un préjugé celui qui en a terrassé tant d'autres! je goûterois la joye d'un triomphe pur ; le vaincu lui-même, tout accoutumé qu'il est à vaincre, y applaudiroit sans regret.

On peut réduire à quatre chefs tout ce que la politique objecte au Christianisme,

1°. Elle l'accuse d'avoir détruit l'unité de l'Etat.

2°. De détacher les citoyens de la Patrie.

3°. De favoriser l'établissement & le maintien de la Tyrannie.

4°. D'affoiblir les Vertus guerrieres.

Examinons l'une après l'autre ces imputations, & commençons par fixer les termes.

PREMIERE QUESTION.

Le Christianisme détruit-il l'unité de l'Etat ?

ON entend par Syſtême politique le but que ſe propoſe le Gouvernement, & l'aſſemblage des moyens par leſquels il tend à ce but.

L'unité de l'Etat conſiſte, en ce qu'il n'y ait ni Corps ni particulier qui puiſſe croiſer ces moyens, & qu'au contraire chacun concoure à l'envi à les faire réuſſir.

Cela poſé, je dis 1°. que le ſeul but que doive ſe propoſer un Gouvernement ſenſé, eſt celui de rendre heureux le Peuple qui lui eſt commis ; 2°. qu'il ne peut atteindre ce but qu'en le rendant vertueux.

Je ne m'arrête point à établir ces principes, parce que je ne ſache pas qu'on les ait jamais diſputés.

Mais s'ils font inconteftables, comme il me femble qu'on ne peut en difconvenir, l'Evangile eft difculpé par-là même : objecteroit-on en effet qu'il contredit tout autre Syftême ? Ce feroit en faire l'éloge & non pas la Satyre, ce feroit dire qu'il n'eft jamais complice des maux qu'une inftitution aveugle caufe aux Nations, ce feroit lui objecter qu'il tend d'une maniere inflexible à la félicité publique.

Soutiendroit-on au contraire que l'Evangile ne tend pas au bonheur des Peuples, ou qu'il met à la vertu des obftacles ? Il faudroit donc foutenir auffi, ou que les vertus prefcrites par l'Evangile ne font pas les vraies, ou qu'il en impofe d'autres chimériques dont l'obfervation nuit à la pratique des premieres, ou qu'il affoiblit les motifs terreftres qui nous les font aimer & fuivre, ou qu'enfin la promeffe du bonheur célefte eft incapable de nous y porter ; toutes propoſitions ſi abſurdes qu'il ſuffit de les énoncer pour les réfuter; mais écoutons Mr. Rouſſeau.

„ Jéſus, dit-il, vint établir ſur la terre un „ Royaume ſpirituel, ce qui ſéparant le Syſtême Théologique du Syſtême Politique, fit „ que l'Etat ceſſa d'être un, & cauſa les diviſions inteſtines qui n'ont jamais ceſſé d'agiter les Peuples Chrétiens."

Ce raiſonnement ſuppoſe deux choſes, l'une que le Syſtême Théologique de l'Evangile eſt diſtinct du Syſtême Politique, l'autre, que par une conſéquence de cette diverſité, les Etats Chrétiens ont été ſans ceſſe agités de troubles.

J'ai déja répondu à la premiere ſuppoſition, en prouvant, que ſi le Syſtême Politique eſt bon, c'eſt-à-dire, s'il tend à rendre les Peuples bons & heureux, l'Evangile, bien-loin de le traverser, fait cause commune avec lui, & lui prête de nouvelles forces.

Si au contraire le Système Politique est mauvais, c'est-à-dire qu'il tende à rendre les Peuples malheureux & méchans, l'Evangile le contrarie, il est vrai, mais c'est pour le redresser, & pour réparer une partie des maux qu'il fait aux Sujets: dans ce cas tout bon patriote doit de la reconnoissance à la Loi Chrétienne, & non pas des reproches.

J'avoue que Jésus rappella aux hommes cette vérité éternelle, mais alors depuis longtems oubliée, que Dieu étant leur premier Monarque, & le Roi même de leurs Princes, ceux-ci n'ont jamais droit de leur donner aucun ordre opposé à ceux du premier, c'est-à-dire injuste, & qu'ils devoient dans ces cas refuser de leur obéir; mais plût-à-Dieu que ce principe eut été reçu dans les Monarchies Payennes!

Leur despotisme auroit eu un frein, & n'auroit pas trouvé tant de mains prêtes à commettre les plus noirs forfaits (*a*).

Remarquons même que ce principe n'appartient pas plus à l'Evangile qu'au Théisme ; supposons en effet que le Vicomte Dorte n'eût pas été Chrétien, quand Charles IX. lui fit ordonner de massacrer des innocens, en eût-il été moins fondé, je dis obligé de lui répondre, Sire, commandez-nous des choses faisables ? L'entendement des Princes ayant des limites, leurs droits en ont nécessairement aussi, la conscience est le rivage où leur pouvoir vient se briser ; il suffit donc d'en avoir une, pour avoir

(*a*) Est-il, par exemple, une bonne ame qui n'ait frémi cent fois en lisant l'histoire des Rois d'Egypte & de Syrie, où l'on ne trouve presqu'à chaque page que parricides, empoisonnemens, fratricides, crimes affreux vengés par d'autres souvent plus atroces ? Quelle est la Cour en Europe où l'on voye rien d'approchant ?

droit de leur résister, quand ils donnent des ordres injustes.

Objectera-t-on que les Peuples étant juges des cas où ils doivent désobéir, peuvent faire de ce droit de fausses applications; j'en conviens, mais encore une fois, cette objection regarde autant le Théiste que le Chrétien; quel est d'ailleurs le privilege dont on n'ait jamais abusé? Et de peur que les Peuples ne soient quelquefois rebelles, en ferons-nous des bêtes brutes?

J'ajouterai qu'il dépendra toujours des Princes de prévenir cet abus, soit en ne confiant la direction des ames qu'à des Ecclésiastiques éclairés & vertueux, soit en traitant les Peuples avec équité: si au contraire ils préferent la naissance au mérite, & les intriguans aux sages, s'ils foulent en même tems leurs Sujets, il pourra très-bien arriver que ceux-ci favoriſent les paſſions des Prêtres pour alléger leur propre joug; mais ne ſera-ce pas à eux-mêmes que les Princes devront s'en prendre? Non, je le ſoutiens: ſi Henri IV. ou Louis XII. euſſent été à la place du Roi Robert, ou de Jean ſans terre, jamais ils n'euſſent ſubi les ignominies auxquelles ces deux Princes furent expoſés. Que le Vatican tonne, que le Clergé s'empare de l'eſprit des Peuples, ſi le Prince a gagné leurs cœurs, il triomphera de Rome & des Prêtres, pour peu qu'il ait de talens & d'habileté.

Pourquoi donc les Etats Chrétiens ont-ils été ſujets à tant de troubles? Préciſément parce qu'ils n'ont pas toujours été Chrétiens; je m'explique.

On peut diſtinguer leurs diviſions en trois claſſes: celles qui s'éleverent ſous les Empereurs, celles qu'exciterent les Papes, & celles enfin qu'on a vûes parmi les Proteſtans mêmes.

Mais que dis-je? L'on peut donc faire pluſieurs claſſes des diſſenſions des Diſciples du Maître de la charité? Jéſus le débonnaire leur donna donc en vain pour le plus ſaint précepte, celui de s'aimer, ils ont connu les paſſions cruelles, ils ont ſacrifié à l'inhumaine diſcorde, leur ſang, leur ſang même a été verſé par leurs propres mains. Triſte & lamentable preuve de la corruption des mortels, elle abuſe de tout, elle pervertit tout; il fut un tems où un citoyen Romain ne pouvoit périr que par les ſuffrages de tous ſes compatriotes, bientôt après il en vint un autre où leurs têtes furent miſes à prix, & où Rome éperdue nagea dans le ſang de ſes enfans maſſacrés; faut-il s'étonner ſi l'Evangile de paix n'a pas prévenu toutes les diſcordes, & s'il compte quelques années lugubres parmi près de dix-huit ſiécles de regne?

Lorsqu'une Secte s'étend, il est presque immanquable que la diversité de climats, de préjugés nationaux, de Philosophie, mettra quelque différence dans la créance de ses disciples; le Mahométisme d'Ispahan n'est pas le même que celui de Constantinople ; ainsi quand la Religion Chrétienne se fut répandue des bords du Jourdain à ceux du Tibre & du Tage, il y eut quelques legers dissentimens entre l'Eglise Orientale & l'Occidentale; mais comme des deux côtés on conservoit encore l'esprit de l'Evangile, & que les Empereurs Payens n'attisoient point le feu de la discorde, ces dissentimens ne troublerent point le repos public, ni celui des particuliers.

Les Chrétiens eurent enfin des Souverains de leur Religion, mais cette révolution, qui renversa les échaffauts & éteignit les buchers de l'intolérance, produisit d'autres effets presqu'auſſi funeſtes que les premiers étoient utiles.

Une foule de Philoſophes étoient entrés dans l'Egliſe, & y avoient apporté l'art & l'amour de la diſpute ; les perſécutions qui forçoient les uns à fuir, les autres à ſe cacher, avoient par-là prévenu bien des Commentaires, des gloſes & des querelles ſur l'Ecriture, on ſe contentoit d'en ſuivre les Loix, & de mourir, s'il le falloit, pour elles.

Mais quand le calme eût ſuccédé à l'orage, tout changea de face ; on ne ſe contenta plus d'être Chrétien, on voulut encore être ſavant & profond, on forma de l'Evangile un Syſtême, une Théologie ; chacun jugeant que le ſien étoit ſans contredit le meilleur, mit tout en uſage pour le faire prévaloir, la diſcorde naquit du choc de ces prétentions, & l'on renverſa l'Arche ſous prétexte de la ſoutenir.

La plupart des Empereurs Chrétiens commirent enſuite deux fautes eſſentielles; ils enrichirent d'abord ceux qu'ils ne devoient qu'honorer, les Evéques, les Métropolitains, les Patriarches devinrent de grands Seigneurs, & en eurent ſouvent le faſte; bientôt on brigua ces places avec autant d'impudence qu'on avoit autrefois de peine à les accepter, & tandis que les Prélats tyranniſoient les Pretres inférieurs, pour les forcer à penſer comme eux, ceux-ci cherchoient dans les écrits des Prélats quelque propoſition équivoque pour les accuſer d'héréſie, les faire deſtituer, & leur ſuccéder.

Et comme l'accuſation d'une héréſie légere n'eut pû produire tous ces effets, on n'oublia rien pour aggraver celle que l'on relevoit, on la repréſenta par les plus mauvais côtés, on en tira les conſéquences les plus odieuſes, inutilement déſavouées par celui à qui on les imputoit, & par la pureté de ſes mœurs; on démontra que chacune étoit la plus dangereuſe dont on eût encore parlé, & qu'elle ſappoit la Foi par ſes fondemens. De la haine des ſentimens on paſſa bientôt à celle de la perſonne, des hérétiques devinrent des monſtres à qui l'on faiſoit trop de grace de les laiſſer vivre; & comme ceux-ci prenoient quelquefois le deſſus, ulcérés par les mauvais traitemens qu'on leur avoit fait éprouver, ils ne furent pas plus ſages que leurs adverſaires; c'eſt ainſi qu'on accabla l'Evangile ſous une multitude de queſtions oiſeuſes, & qu'on le rendit odieux à ceux qui ne l'étudierent que dans la conduite ou les livres de ſes prétendus défenſeurs.

Les Empereurs, qui auroient pû éteindre ces querelles en les mépriſant, leur donnerent de l'importance & les envenimerent; on aſſembla des Synodes, on convoqua des Conciles, & trois ou quatre-cens perſonnes eurent l'arrogance de vouloir donner des Loix au Monde Chrétien (*b*). Mais comme tous ces décrets étoient souvent contradictoires, ou plus obscurs que les Dogmes que l'on prétendoit expliquer, loin de terminer les disputes, ils en firent naître de nouvelles, à-peu-près comme les livres de Droit, ne servent guere que d'armes à la chicane.

Je ne pousserai pas plus loin ces tristes détails,

(*b*) Que des Evêques ou des Pasteurs s'assemblent pour convenir fraternellement de ce qu'ils doivent enseigner, je ne vois-là rien que de tres-sage; mais que ces mêmes Evêques veuillent faire recevoir ce dont ils sont convenus pour regle de Foi, & donner des noms sinistres à quiconque refusera d'y souscrire, c'est, à mon avis, la plus criante tyrannie; tous les hommes ensemble, quand ils pourroient s'accorder, n'auroient pas droit de décider pour un seul hétérodoxe, l'Evangile a été donné pour perfectionner la raison, & non pour l'éteindre; St. Paul, tout St. Paul qu'il étoit, loin d'exiger la Foi aveugle, ordonnoit l'examen de ses enseignemens.

tails, il suffira de dire qu'on méconnut toujours plus l'esprit du Christianisme, qu'on fit consister la vertu à être Orthodoxe, qu'on persécuta ceux qui ne l'étoient pas comme des méchans ou des Impies, que l'on fit plus d'une fois trembler les Princes sur leur Trône, & que l'Empire fut affoibli par toutes ces divisions.

Mais que prouvent tous ces faits contre l'Evangile même?

En célébrant le bonheur des pauvres, induisoit-il les Empereurs à enrichir les Prélats?

En instruisant des dangers de l'opulence, enhardissoit-il les Prélats à accepter les dons de leurs Princes?

En ordonnant l'amour des ennemis, inspiroit-il la haine contre les Errans?

En mettant la charité infiniment au-dessus de la Foi la plus éminente, & des connoissances les plus étendues, préparoit-il les voies à l'opinion abſurde que bien penſer vaut bien vivre, & qu'on peut racheter ſes vices par la pureté de ſes ſentimens?

En preſcrivant le ſupport des foibles, en défendant de conteſter avec eux ſur leurs doutes, en traitant de diaboliques le zèle amer & l'eſprit de diſpute, autoriſoit-il les perſécutions de tout genre?

En commandant la ſoûmiſſion aux Céſars Payens, ordonnoit-il la révolte contre les Princes Chrétiens? Diſons mieux; loin que l'Evangile ait donné lieu à tant d'altercations & de troubles, il a fallu au contraire l'oublier ſans ceſſe, en fouler aux pieds les plus ſaints préceptes, en violer les Loix les plus claires & les plus expreſſes, il a fallu ceſſer d'être Chrétien pour ſe diviſer ſi légèrement, & traiter en ennemis ceux qu'on devoit éclairer ou plaindre.

Ce ne furent-là cependant que des étincelles en comparaiſon des incendies que l'ambition des Papes alluma par-tout, & allume encore. O Rome, deſtinée dans tous les tems à être le fléau du monde! Ce furent au moins tes vertus qui lui donnèrent autrefois des chaînes, mais tes Prêtres barbares ne l'ont aſſervi que par des forfaits, & je te vois cent fois plus éloignée aujourd'hui du Chriſtianiſme que tu ne le fus ſous tes ayeux idolâtres, parmi leſquels on comptoit au moins des Fabrices & des Catons (*c*).

(*c*) Qu'on ne prenne point ceci pour une exagération d'Orateur, je ſoutiens poſitivement que les Romains du tems de Fabricius étoient beaucoup plus Chrétiens que ceux d'aujourd'hui. Qu'il y ait après cela dans les pays Catholiques un très-grand nombre d'ames droites & ſimples, dont les mœurs ſont tout-à-fait dignes de Diſciples de J. C. je le crois & j'en bénis Dieu; mais que le Syſtême Papal ſoit l'Evangile, & ceux qui l'admettent des Chrétiens, voilà ce que je nie entièrement, & ce qui me diſpenſe en même-tems de juſtifier ſes crimes: quelle eſt

Enfin les Proteſtans même n'ont pas été exemts de ces diviſions, il y en a eu en Allemagne entre les Luthériens & les Calviniſtes, en Angleterre entre les Presbytériens & les Anglicans, en Hollande entre les Gomariſtes & les Arminiens. Que répondre?

Je réponds 1°. que ces diviſions ne prouvent autre choſe, ſinon que ces Egliſes ne ſe ſont pas toujours conduites Chrétiennement; mais de ce qu'elles ont violé quelquefois leurs principes, s'enſuit-il que ces principes même les conduiſiſſent à la diſcorde? On ſortoit du Papiſme où l'on avoit ſucé les maximes perſécutrices, on n'en pouvoit tout-à-coup concevoir toute l'horreur; en luttant même contre les erreurs de Rome, les eſprits avoient contracté

donc cette Religion? Je n'en ſai rien, ce ſera, ſi l'on veut, la Payenne, ce ſera celle des fourbes, mais ſûrement ce n'eſt pas la Chrétienne: au reſte, je n'en dis ici qu'un mot, parce que j'aurai occaſion d'y revenir.

une ſorte de roideur, qu'il leur étoit difficile de dépouiller tout-à-coup, lors même qu'ils crurent avoir des frères à redreſſer.

Après tout, combien la Politique n'eut-elle pas de part à ces diſſenſions? Qui ne ſait que la plus grande héréſie de Barnewelt étoit ſon oppoſition aux vûes ambitieuſes du Prince d'Orange, & que Maurice eût eu bien moins de zèle pour l'Orthodoxie, s'il n'avoit eſpéré d'enſevelir la liberté ſous les ruines de l'erreur?

J'en dis autant des diſſenſions des Preſbytériens & des Anglicans; ils avoient été tranquilles ſous Eliſabeth, ils l'ont été ſous les ſucceſſeurs de Jaques II, pourquoi ne l'auroient-ils pas été ſous les Stuarts, ſi ces Princes n'euſſent travaillé ſans ceſſe à les diviſer, pour les écraſer tous enſemble?

Enfin, ſi l'Evangile inſpire véritablement la diſcorde, pourquoi n'a-t-il pas produit cet effet parmi tous les Peuples? Pourquoi n'a-t-il point excité de troubles en Suede & en Dannemarc? Pourquoi les Proteſtans de Suiſſe, de Piémont, de France ont-ils toujours été unis & paiſibles? M'oppoſera-t-on les guerres que les Papiſtes leur ont faites? Ah! j'ai déja dit que je ne défends que les Chrétiens, & toutes ces guerres ſont mes preuves que les Papiſtes ne le ſont pas.

Si Rome en effet s'étoit contentée de charger la Religion de mille vaines cérémonies, de fonder quelques Ordres, d'inventer des fêtes à l'honneur de la Divinité, on eut bien pû l'accuſer d'avoir méconnu les intérêts de l'Etat, & altéré la majeſté ſublime du Chriſtianiſme, on n'eût pû lui reprocher de l'avoir abandonné: mais qu'elle ait exclus du ſalut quiconque ne juroit pas aveuglément après elle, qu'elle ait conſacré le parjure envers les hérétiques, ordonné de les poursuivre par le fer & le feu, exécuté vingt fois sur des Nations entières cet exécrable interdit, qu'elle ose encore se dire infaillible, voilà ce qui est absolument insupportable, & ce qui lui doit mériter le mépris & l'indignation de toute la terre. Veut-elle donc que les Protestans se raprochent d'elle? Qu'elle commence par abjurer ses prétentions absurdes, & ses détestables principes, qu'elle efface de ses larmes l'affreux tableau de la St. Barthélemi, qu'elle en condamne au feu les odieux restes; voilà le seul Auto-da-fé digne d'une Eglise Chrétienne, & seul capable de lui en rendre le titre, jusqu'alors elle n'en sera que l'usurpatrice, & quant à moi, je me fais gloire d'avouer que j'aimerois mieux être Musulman que Chrétien à sa manière.

Revenons à Mr. Rousseau.

„ Cette idée nouvelle, dit-il, d'un Royaume

„ de l'autre monde, n'ayant jamais pû entrer
„ dans la tête des Payens, ils regardèrent tou-
„ jours les Chrétiens comme de vrais rebelles.

Distinguons: que les Payens n'ayent jamais pû concevoir ce Royaume de l'autre monde, la conversion de tant de milliers d'entr'eux prouve, à ce qu'il me semble, évidemment le contraire; que ce Dogme ait été inintelligible pour ceux qui ne pensoient plus à un autre monde, & se bornoient à vivre dans celui-ci le plus agréablement qu'ils pouvoient, en satisfaisant toutes leurs petites & viles passions, & en prostituant leur encens à des Césars déifiés dignes de tels adorateurs; que ces Césars mêmes, accoutumés à voir tout ployer sous leur superbe autorité, ayent regardé comme des rebelles des gens qui refusoient de les honorer comme des Dieux, je le comprends sans peine; mais je ne vois dans les uns que l'abrutissement des vices & le délire de la flaterie, dans les autres que l'yvresse du Despotisme? Falloit-il donc, pour être sujet fidele, méconnoître l'immortalité de son ame, rester Idolâtre ou Impie? Cependant Mr. Rousseau semble excuser les Payens d'avoir regardé sur ce fondement les Chrétiens „ comme de véritables rebelles, „ qui, sous une hypocrite soumission, ne „ cherchoient que le moment de se rendre „ indépendans & maîtres, & d'usurper adroi„ tement l'autorité qu'ils feignoient de respec„ ter dans leur foiblesse: telle fut, ajoute-t„ il, la cause des persécutions."

En admettant le fait, c'est-à-dire que les Payens persécutèrent les Chrétiens par la défiance où ils étoient de leur ambition, on aura toujours droit de soutenir qu'il n'y avoit qu'une ignorance de mauvaise foi qui pût autoriser leurs craintes: supposé en effet que la Théologie Chrétienne leur parût ſuſpecte, au moins devoient-ils attendre à perſécuter les Chrétiens, que ceux-ci euſſent confirmé leurs ſoupçons par quelque révolte, je dirai même par une révolte un peu étendue, car le ſoulévement de quelques centaines d'hommes eſt une preuve bien équivoque contre l'obéiſſance paiſible de pluſieurs millions. Au-lieu de cela, on ne veut ni ajouter foi aux proteſtations de fidélité des Chrétiens, ni ſe contenter même de prendre des précautions contr'eux; on commence par les diffamer, on continue par les outrager, on en vient enfin à toutes les fureurs de la ſuperſtition & du fanatiſme; il faut ou offrir de l'encens aux Dieux, ou leur être immolés en victimes expiatoires; c'étoit employer à prévenir la rébellion les moyens les plus propres à l'accélérer, ſi ceux que l'on tourmentoit, n'euſſent pas été des Chrétiens.

Il ſemble au moins que deux ou trois épreuves auſſi terribles ſoutenues avec autant de patience, auroient dû calmer les Payens, & les faire rougir de leurs emportemens contre des compatriotes qui ne ſavoient que ſouffrir & prier; mais le fanatiſme n'écoute que lui, un prétexte détruit, il en invente un autre auſſi frivole, on ne pouvoit plus traiter les Chrétiens de rébelles, on les taxa d'Impiété: ſurvenoit-il une guerre, une famine, une peſte? Arrivoit-il un tremblement de terre, une inondation, un déſaſtre, c'étoit à qui ſe déchaîneroit le plus violemment contr'eux: faut-il s'étonner, diſoient-ils, que les Dieux fondateurs de cet Empire l'affligent & l'abandonnent aujourd'hui que leurs Temples ſont déſerts, qu'on ne leur offre plus ni prières ni ſacrifices? Et là-deſſus les zèlés traînoient les Chrétiens au théâtre ou devant les Tribunaux, on les déchiquetoit ſur les chevalets, ou l'on les donnoit à déchirer aux bêtes féroces; tout le Peuple pieux s'appliquoit le mérite de ces ſacrifices, & en attendoit de ſes Dieux clémens la délivrance des maux de l'Empire.

Dix fois ces horreurs ſe renouvellèrent, dix fois les Sujets les plus vertueux, les plus tempérans, les plus utiles furent traités comme des incendiaires & des parricides; des millions d'entr'eux périrent dans le cours de ces barbaries, ſans que leur fidélité ſe démentît un inſtant, ſans qu'on vît un ſeul étendart levé pour venger tant d'atrocités. Dira-t-on que leur patience n'étoit que foibleſſe? Il n'y avoit donc que plus de lâcheté à ſévir contre des gens ſi peu redoutables; ils étoient foibles, qui le ſait? Ont-ils jamais eſſayé leurs forces? Ils étoient foibles; l'étoient-ils donc au point que ſous le régne de Gallien, où chaque armée, chaque

Province nommoit un Tyran, où l'on en vit trente à la fois, ils ne puſſent élire le trente unieme? Après tout, des rébellions déclarées leur euſſent-elles attiré plus de maux qu'ils n'en ſouffrirent en reſtant tranquilles?

Cependant je ne doute point qu'après avoir été ſi longtems inſultés, vexés, torturés par les Payens, ils ne déſiraſſent beaucoup au fond de leur cœur un Empereur de leur Religion, qui les tirât de l'opprobre, & les traitât en citoyens, mais ce n'étoit-là que le vœu de la nature, & non celui de la rébellion.

L'événement, pourſuit-on, prouva qu'en effet l'obéiſſance des Chrétiens n'étoit que feinte & qu'hypocriſie. „ Ce que les Payens „ avoient craint, étant arrivé, tout changea „ de face, les humbles Chrétiens changèrent „ de langage ; bientôt on vit ce prétendu „ Royaume de l'autre monde devenir ſous un

„ Chef viſible le plus violent Deſpotiſme dans
„ celui-ci.

J'ai déja dit que la proſpérité nuiſit aux mœurs des Chrétiens, comme elle a nui à celles de tous les Peuples; il eſt également vrai que les Papes ont travaillé ſans relâche à augmenter leur pouvoir; mais qu'en peut-on conclure contre l'Evangile? Seroit-ce qu'en devenant à la longue les Tyrans des Rois & des Peuples, ils ont ſuivi l'eſprit de celui qui exigeoit de ſes diſciples la ſimplicité des colombes, & l'humilité des enfans? Ou dira-t-on qu'en dégradant les Monarques, en excommuniant des Nations, en leur impoſant à toutes d'onéreux tributs, ils ayent rempli le Syſtême du grand Apôtre, dont ils ont l'audace de ſe dire les ſucceſſeurs, & qui tenoit ce langage aux Evêques de ſon temps.

„ Je m'adreſſe à vous, Paſteurs, étant moi-

„ même Pasteur avec vous, & témoin des „ souffrances de J. C. pour vous prier de paître le troupeau de Dieu, & d'en prendre „ soin, non par contrainte, mais de bon cœur, „ non en vûe d'un gain sordide, mais par affection, non en dominant sur les héritages „ du Seigneur, mais en étant vous-mêmes les „ modèles du troupeau. *I. Pier. V.* Voilà le ton des Apôtres, le ton de leur Maître; le Christianisme, en un mot; voilà d'après quoi il faut les juger pour prononcer équitablement (*d*).

(*d*) Je n'aime point à faire le Controversiste, mais puisque l'on confond encore des choses aussi différentes que le jour l'est de la nuit, il ne faut pas se lasser de montrer cette différence: quel rapport y a-t-il donc entre le ton amical, fraternel & modeste de la lettre de St. Pierre, & celle que Boniface VIII écrivoit l'an 1301 à Philippe le Bel Roi de France? „ Crain Dieu, & garde ses commandemens: Nous „ voulons que tu saches que tu nous ès soumis au „ spirituel & au temporel, il ne t'appartient pas de „ conférer les bénéfices, s'il y en a de vacans, „ gardes-en les revenus pour les successeurs; si tu „ en as déja conféré, nous cassons ces collations,

Il s'en faut tellement que les fondateurs du Christianisme eussent préparé les voies au Despotisme Papal, que depuis Constantin qui mit la Religion à l'ombre du Trône, jusqu'à l'audacieux Hildebrand (*e*) qui osa lui-même y monter, il s'écoula plus de sept siécles, ensorte qu'il est à-peu-près certain, que sans la superstition & l'ignorance profonde qui couvrirent pendant trois cens ans l'Europe, ce monstrueux édifice n'eût jamais été élevé à la honte de l'esprit humain (*f*).

Dès

„ & nous regardons comme hérétiques tous ceux „ qui pensent le contraire. La Bulle *Unam Sanctam* qui suivit de près cette lettre, est encore plus insolente, l'impérieux Boniface y déclare que les deux glaives, c'est-à-dire, la puissance spirituelle & temporelle appartient à l'Eglise, que penser autrement, c'est établir comme les Manichéens deux principes, & que toute créature humaine doit se soumettre au Pontife Romain pour obtenir le salut.

(*e*) Grégoire VII.

(*f*) Il est aisé de voir les causes de l'élévation des

Dès que le flambeau des Sciences eût dissipé les ombres de cette nuit ténébreuſe, & que l'on conſulta l'Evangile & la raiſon, on fut étonné & confus du joug qu'on avoit porté ſi longtems, la moitié de ceux qui l'avoient ſubi, le briſèrent avec indignation, & s'il y eut des Princes qui le reſpectèrent encore, ce fut beaucoup moins parce qu'ils le crurent légitime, que propre à maintenir leur autorité ; ils regardèrent la foi aveugle comme l'appui de l'obéiſſance paſſive, & ils craignirent que les

des Papes, cauſes tout-à-fait étrangeres à l'Evangile, ou plutôt que l'Evangile eut prevenues, ſi on l'avoit conſulté, la premiere ſottiſe fut, comme nous l'avons dit, l'érection des Patriachats, & l'augmentation proportionnelle des revenus de ceux qui les occupèrent, qui firent un grand Seigneur de l'ancien Evèque de Rome. 2°. Les donations de Pepin & de Charlemagne en firent un Prince. 3°. L'ignorance & la ſuperſtition extrêmes des IX. X. & XI. ſiécles, lui fournirent des moyens faciles de devenir un Tyran.

Peuples, après avoir recouvré leur liberté spirituelle, ne rompissent aussi les pesantes chaînes dont leur Despotisme les avoit chargés.

„ Cependant, continue Mr. Rousseau, comme il y a toujours eu un Prince & des Loix civiles, il a résulté de cette double puissance un perpétuel conflict de jurisdiction, qui a rendu toute bonne politie impossible dans les Etats Chrétiens, & l'on n'a jamais pu savoir auquel du Maître ou du Prêtre on étoit obligé d'obéir."

J'accorde qu'on est fondé à faire ce reproche aux Etats Catholiques, où le Pape est regardé comme supérieur au Roi même, & où le Clergé étant l'éxécuteur des arrêts du Pontife, partage en quelque manière par-là sa suprématie; il n'en est pas ainsi chez les Peuples qui n'admettent pour regle de Foi que l'Evangile & la raison; que leurs Princes ne leur donnent que des ordres justes, ils seront toujours obéis (*g*).

L'on reproche enfin au Clergé d'être resté Maître & Législateur dans sa Partie, & d'avoir formé par-là deux Puissances, deux Souverains en Angleterre & en Russie même, où les Rois & les Czars se sont cependant arrogé la suprématie, mais inutilement, parce que la communion & l'excommunication rendront toujours le Clergé maître des Peuples & des Rois.

J'avoue ingénument que je ne comprends point à quel égard le Clergé est Législateur & Maître, les Protestans encore une fois n'admettent de Loix que celles de l'Ecriture ex-

(*g*) Comme l'examen est un des principes fondamentaux de la Réforme, les Peuples qui l'ont embrassée, sont plus éclairés & par conséquent moins crédules que les Catholiques ; le Clergé qui tenteroit d'abuser de leur confiance, la perdroit bientôt.

pliquées par la raiſon, auxquelles il n'eſt pas plus permis d'en ajouter d'autres que d'en retrancher; le Clergé Anglois en ſera donc, ſi l'on veut (*b*), le Gardien, l'Interprête, l'Apôtre, le Vengeur même, en excommuniant ceux qui s'y ſoumettent de bouche, & par le fait n'en tiennent compte; mais l'expérience prouve qu'il eſt peu à craindre que dans un ſiécle éclairé le Clergé abuſe de ce triſte droit; il eſt bien plus à redouter qu'une prudence timide, la contagion des vices régnans, ou d'autres cauſes de ce genre, ne l'empêchent d'en

(*b*) Je dis ſi l'on veut, parce qu'en effet chaque fidele Proteſtant a droit d'interprêter l'Ecriture pour lui-même, & de rejetter le ſens que ſon Evêque ou ſon Paſteur lui donne, s'il répugne à ſes lumieres; chacun pouvant auſſi avoir chez lui la Bible, étant même exhorté à jouïr de ce privilege, peut devenir par-là le gardien de ce Saint Livre, auſſi bien que l'Archevêque de Cantorbéry. Qu'eſt-ce donc qu'un Légiſlateur qui ne peut ni faire de Loix, ni abolir celles qui ſont reçues, ni les changer, ni forcer perſonne à les entendre comme lui?

uſer auſſi ſouvent qu'il ſeroit utile pour le maintien des bonnes mœurs & l'honneur de la Religion.

Suppoſons cependant que ce droit appartînt au Prince, je dis 1°. qu'il deviendroit très-probablement nul dans ſes mains par le défaut d'exercice, à moins qu'on ne ſuppoſe ces Princes autant de Socrates ou de Marcs-Aureles, (ſuppoſition un peu violente), ou qu'on ne diſe qu'ils oſeront punir chez le Peuple des vices tolérés, honorés peut-être à leur Cour. Ce ſeroit bien pis, ſi le Prince avoit intérêt de corrompre ſes Sujets pour les aſſervir, j'aurois grand' peur alors qu'au-lieu de chaſſer les libertins de l'Egliſe, on ne flètrît les gens de bien, & que les amis de la liberté & de la vertu ne devinſſent les plus dangereux hérétiques.

Dat veniam Corvis, vexat Cenſura Columbam.

Prendroit-on le parti d'anéantir tout-à-fait

ce droit ? Ce feroit ôter à l'Eglife un privilege dont jouïffent tous les autres Corps, celui de renier pour membre quiconque par fa conduite l'a déja reniée pour Mere, & qui ne fouhaite refter de nom dans la Communauté qu'à caufe des avantages lucratifs qu'il pourroit perdre en y renonçant. Le vice a-t-il donc trop de barrieres? Faudra-t-il lui ôter encore celle-là?

SECONDE QUESTION.

Le Chriſtianiſme détache-t-il les citoyens de la Patrie?

La ſeconde objection qu'on fait au Chriſtianiſme, c'eſt que „ n'ayant aucune relation „ particulière avec le Corps politique, il laiſſe „ aux Loix la ſeule force qu'elles tirent d'elles-„ mêmes ſans leur en ajouter aucune autre, „ & qu'ainſi un des grands liens de la Société „ particuliere reſte ſans effet."

S'il s'agiſſoit d'oppoſer des autorités à Mr. Rouſſeau, nous pourrions lui en oppoſer une bien reſpectable, celle de Monteſquieu même, qui en réfutant un paradoxe de Bayle, répond en même tems à Mr. Rouſſeau.

„ Mr. Bayle, dit-il, après avoir inſulté

„ toutes les Religions, flétrit la Religion „ Chrétienne, il ose avancer que de véritables „ Chrétiens ne formeroient pas un Etat qui „ pût subsister : pourquoi non ? Ce seroient „ des citoyens infiniment éclairés sur leurs de- „ voirs, & qui auroient un très-grand zèle „ pour les remplir ; ils sentiroient très-bien „ les droits de la défense naturelle, plus ils „ croiroient devoir à la Religion, plus ils „ penseroient devoir à la Patrie. Les princi- „ pes du Christianisme bien gravés dans le „ cœur, seroient infiniment plus forts que ce „ faux honneur des Monarchies, ces vertus „ humaines des Républiques, & cette crainte „ servile des Etats Despotiques : chose admi- „ rable !" dit-il encore ailleurs, „ la Religion „ Chrétienne, qui ne semble avoir d'objet que „ la félicité de l'autre vie, fait encore notre „ bonheur dans celle-ci." *Esprit des Loix*,

Liv. XXIV. Ch. VI. & III. Mais ce n'eſt pas à Mr. Rouſſeau qu'il faut alléguer des autorités, & ſi j'ai cité celle-ci, c'eſt beaucoup moins pour lui que pour ceux auprès de qui il en ſeroit lui-même une trop grande, je reviens donc aux raiſonnemens.

Remarquons d'abord que Mr. Rouſſeau ne ſoutient pas ici que la Religion n'ait aucune relation avec le Corps politique, ſans quoi il contrediroit ce qu'il dit lui-même plus bas (*i*), mais qu'elle n'en a point de particulière, c'eſt-à-dire qu'elle ne tend point directement à former des citoyens, mais des gens de bien, & qu'elle ne s'adreſſe point aux Peuples comme Peuples, mais à chaque individu.

(*i*) Dans une Société de vrais Chrétiens chacun rempliroit ſon devoir, le Peuple ſeroit ſoumis aux Loix, les Chefs ſeroient juſtes & modérés, les Magiſtrats integres, incorruptibles, les ſoldats mépriſeroient la mort, il n'y auroit ni vanité, ni luxe. *Du Contract Social Chap. VIII. p. 312. Edit. d'Amſt.*

Pour justifier le Christianisme, il suffit de considérer l'époque de son établissement.

Le monde connu étoit alors à-peu-près partagé entre deux grands Empires, celui des Romains & celui des Parthes.

Les Parthes depuis un tems immémorial n'avoient fait que changer de Maîtres, les Romains depuis soixante ans obéissoient à des Empereurs; pouvoit-on donner des Loix à des Peuples asservis, ou parler à des citoyens, quand il n'y en avoit plus?

La liberté étant perdue, il ne s'agissoit plus que d'empêcher les esclaves de dégénérer encore, de leur apprendre à s'aimer entant qu'hommes, ne pouvant plus s'aimer comme compatriotes, & d'opposer au Despotisme le seul frein capable d'en réprimer la hauteur. Voilà précisément ce qu'ont fait les Apôtres & J. C.

Ils apprirent au monde étonné qu'en vain il portoit les chaînes de la servitude, s'il brisoit celles du vice, que les passions criminelles étoient les tyrans les plus redoutables, & que l'on pouvoit mériter encore le respect en mourant pour la liberté morale, comme on s'immortalisoit autrefois en mourant pour la liberté politique.

Ils apprirent que, le nom même de Patrie fut-il aboli sur la terre, il en resteroit toujours une éternelle à la vertu dans le Ciel, que Romains, Scythes & Grecs, ils y pouvoient tous prétendre, que le crime seul en seroit exclus.

Ils apprirent à ces superbes Tyrans, qui ne mettoient de bornes à leur pouvoir que celles de leurs caprices, que leur gloire n'étoit qu'un éclair, & leur puissance que foiblesse, qu'un Dieu, devant qui ils n'étoient que des vermisseaux, éclairoit de près toute leur conduite, que la mort étoit à ſes ordres, & les ameneroit bientôt à ſon Tribunal, pour y recevoir les peines ou les recompenſes que leur adminiſtration méritoit.

Ces vérités avoient l'avantage.

1°. De ne point indiſpoſer le Gouvernement contre les Sujets, puiſque le même Dieu qui preſcrivoit au Prince l'équité, ordonnoit au Peuple de lui obéir dans toutes les choſes juſtes ou indifférentes.

2°. Elles adouciſſoient l'autorité en l'intimidant.

3°. Elles préparoient les Peuples à recouvrer leur liberté politique, s'ils en trouvoient l'occaſion; une Nation qui a des mœurs & qui eſt unie, n'a qu'à vouloir ſecouer le joug pour le rompre.

4°. Elles convenoient à tous les Peuples de tous les climats & de tous les ſiécles; au-lieu qu'une légiſlation particulière n'eut convenu qu'à un ſeul Peuple, & n'eut été bonne que pour un temps.

Telle fut, par exemple, la révélation Judaïque: Dieu ne s'étant alors propoſé que de donner des Loix à un ſeul Peuple qui n'en avoit point, adapta parfaitement le Syſtême politique au Théologique, ou plutôt n'en fit qu'un des deux : mais depuis que la tyrannie eût ſoumis à deux Deſpotes la plupart des Nations connues, il ne fut plus queſtion de leur donner des Loix politiques, il fallut ſe borner à inſpirer des mœurs qui corrigaſſent le Gouvernement, ſoutinſſent la liberté dans les lieux où elle régnoit encore, & adouciſſent ailleurs les maux de la ſervitude.

C'eſt faute d'examiner les circonſtances où ſe trouvoient les fondateurs du Chriſtianiſme, & en donnant un ſens dur & général à certaines expreſſions de l'Ecriture, que Mr. Rouſſeau continue de faire de l'Evangile & du Chrétien un portrait qui manque de juſteſſe à bien des égards; malheureuſement il n'eſt pas le ſeul qui ait échoué contre cet écueil.

„ Le Chriſtianiſme, dit-il, eſt une Religion „ toute ſpirituelle." Cela eſt vrai, elle eſt faite pour le cœur & non pour les ſens, elle ne compte pour rien les rites & les ſacrifices, elle exige des vertus réelles; qu'y a-t-il-là de contraire au patriotiſme?

„ Elle eſt uniquement occupée des choſes „ du Ciel." Ne croiroit-on pas là-deſſus que Jéſus n'a mené qu'une vie contemplative, & n'a prêché au genre humain que méditations & prieres? O Mr. Rouſſeau, vous qui nous en avez fait un portrait ſi touchant, (*k*) ſi vrai & ſi beau, voudriez-vous à préſent nous

(*k*) *Voyez Emile T. III. p.* 179. *Edit. d'Amſt.*

donner une idée ſi différente de ce bon Sauveur, qui ne ceſſoit d'aller de lieu en lieu en faiſant du bien, & qui n'a promis ſon Ciel qu'à ceux qui auroient nourri l'affamé, vêtu l'indigent, conſolé les malades, viſité les priſonniers? Ah! ſans-doute, il prioit ſouvent, c'eſt dans le ſaint commerce qu'il avoit avec ſon Pere qu'il ſe conſoloit des maux que lui faiſoient les humains, mais il n'y donnoit que la nuit, il employoit le jour à faire du bien.

„ La Patrie du Chrétien n'eſt pas de ce „ monde." Pouvoit-elle l'être dans un tems où il n'y avoit plus de Patrie, où l'on n'avoit que des eſclaves pour concitoyens? Qu'importe après tout qu'il ne regarde la terre que comme un lieu de paſſage, s'il ne doit être admis dans ſa Patrie céleſte, qu'autant qu'il aura mérité de ſes compatriotes ici-bas?

„ Le Chrétien fait ſon devoir, pourſuit-on, „ mais avec une profonde indifférence ſur le „ ſuccès de ſes ſoins; pourvû qu'il n'ait rien „ à ſe reprocher, peu lui importe que tout aille „ le bien ou mal."

Le Chrétien fait ſon devoir ſans s'embarraſſer du ſuccès! Peut-on le bien faire en le rempliſſant ainſi? L'humanité comporte-t-elle une pareille indifférence? Où ſont les faits qui la prouvent? Quoi! lorſque St. Paul étoit indigné dans Athenes de voir ce Peuple ſavant & célebre proſtituer ſon encens à tant de faux-Dieux, il déſiroit froidement de le convertir? Lorſqu'il prêchoit avec tant de force le zèle aux Romains, lorſque St. Jean déclaroit aux tiedes que Dieu les vomiroit de ſa bouche, prétendoient-ils l'un & l'autre faire de leurs diſciples d'indifférens Philoſophes, qui pratiqueroient nonchalamment leurs devoirs, & ſe remetmettroient fans peine de l'iffue à la Providence? Les Apôtres auroient-ils converti le monde? Les Réformateurs y auroient-ils rétabli en tant d'endroits l'Evangile, s'ils n'euffent attaqué l'erreur qu'en Stoïciens? Non, le Chrétien n'eft point indifférent fur le fuccès de fes foins, mais il lui eft fupérieur; il fait qu'en vain fes efforts échoueroient fur la terre, en vain même lui attireroient-ils les plus grands malheurs, un jour il en recevra la récompenfe immortelle, & voilà précifément ce qui affermit fon courage; l'homme fans Dieu & fans efpérance, peut aifément être tenté de quitter la brèche, quand il a plus de raifon d'appréhender d'y périr que d'efpoir d'en éloigner l'ennemi; le Chrétien fait fon devoir jufqu'au bout, il hazarde tout fans pâlir, parce qu'il fait bien qu'il ne peut rien perdre.

„ Si l'Etat eft floriffant", continue M.

Roüſſeau, „ à peine le Chrétien oſe-t-il joüïr „ de la félicité publique, il craint de s'enorgueillir de la gloire de ſon pays."

Il eſt vrai, le Chrétien ne ſe laiſſe point éblouïr à cet éclat de proſpérité extérieure, qui annonce & prépare ſi ſouvent la chûte des plus grands Empires; il ſe défie de ces ſuccès dangereux qui jettent la plûpart des hommes dans la ſécurité & la préſomption.

Epaminondas faiſoit la garde, & viſitoit les remparts, pendant que ſes concitoyens s'abandonnoient aux plaiſirs dans les jours de fête, ſa jouïſſance le cédoit-elle à la leur? Ou le rendoit-elle moins bon patriote? Ainſi le Chrétien éclairé ne va point indiſcrétement troubler l'allégreſſe publique, en menaçant des carreaux du Ciel ceux que le Ciel comble de faveurs, mais il leur donne l'exemple de la goûter ſans abus, & il ne la goûte que mieux.

La ſplendeur de l'Etat eſt-elle d'un autre genre? Voit-il les anciennes Loix en vigueur, les bonnes mœurs reſpectées, les coups portés pour les affoiblir, ou détournés ou briſés, quel cœur s'ouvre mieux que le ſien au doux plaiſir d'eſtimer ceux qui lui ſont déja ſi chers? A la vérité ſa joie n'eſt point fanfaronne, il n'inſulte & ne dédaigne aucun Peuple, mais il eſt fier & ſe félicite d'avoir des hommes pour concitoyens.

„ Enfin, dit-on, ſi l'Etat dépérit, le Chré- „ tien bénit la main de Dieu qui s'appéſantit „ ſur le Peuple."

Si ce dépériſſement n'eſt qu'un de ces malheurs paſſagers, qui délivrent ſouvent le Corps Politique des humeurs dont il étoit travaillé, qui le rajeuniſſent en quelque manière, & le font rebrouſſer vers ſes vrais principes, le Chrétien ſans doute en bénira Dieu, on doit bénir ſon bienfaiteur; ſi ces malheurs ſont tels que l'Etat panche vers ſa chute, le Chrétien veille, combat & prie; ſi l'Etat tombe enfin, il voit bien moins dans ce déſaſtre la juſtice d'un Dieu irrité que les triſtes effets des vices qui l'ont rendu néceſſaire; il bénit donc Dieu, ſi l'on veut, ou plutôt il met la main ſur la bouche, tandis que ſon cœur ſaigne de douleur; ſeroit-il plus vertueux s'il éclatoit en reproches contre celui qui peut ſeul le dédommager de ſa perte? Et le murmure ſera-t-il un des devoirs du citoyen?

Il eſt en effet certain qu'un Peuple peut deſcendre à un tel excès de corruption qu'il eſt moralement mort, enſorte que ſa perte eſt un bienfait pour ſes voiſins qu'il eût infectés, & même pour ſes enfans qu'il n'eût pas manqué de corrompre; voilà ce que preſſent le Chrétien, ce qui peut & doit adoucir ſa douleur, il voit dans le malheur arrivé un plus grand malheur évité; au-lieu que le Romain n'étoit que Romain, le Chrétien n'est pas tellement citoyen qu'il cesse pour cela d'être homme, il s'intéresse à tous les tems & à tous les lieux.

M'objecteroit-on cela même, en convenant que ces sentimens annoblissent l'individu, mais affoiblissent l'État, ou du moins nuisent à sa plus grande force? Dira-t-on qu'il vaudroit mieux que des citoyens fissent Schisme avec le reste du monde, & ne fussent que citoyens? Premièrement cette objection ne porteroit pas plus contre le Christianisme que contre le Théisme, puisque c'est un Dogme de celui-ci, que tous les hommes sont freres, & se doivent traiter comme tels: en second lieu, il est très-douteux, pour ne pas dire plus, que le renoncement à l'humanité tournât au profit de la Patrie, du moins feroit-il facile de trouver des exemples du contraire; affurément rien ne parut dabord plus utile aux Spartiates que d'avoir des efclaves qui cultivaffent leurs terres, & leur permiffent de vaquer tout à leur aife aux exercices guerriers; cependant ces mêmes Ilotes s'étant revoltés, les mirent plus d'une fois à deux doigts de leur ruïne, & les auroient probablement accablés, fi les Lacédémoniens n'euffent tiré des fecours d'ailleurs. Rome elle-même, ayant oublié dans le fafte de fa grandeur, fes anciens principes de modération, vit fes légions victorieufes du monde fuir honteufement devant une armée d'efclaves, (*l*) & la Reine des Peuples fut expofée à être détruite par fes captifs.

En général, il eft vrai de dire des Etats comme des particuliers, que qui n'aime que

(*l*) Dans la guerre de Spartacus.

lui, n'eſt aimé de perſonne, quoique, vû l'inſtabilité des choſes humaines, il y ait une multitude de cas où le Peuple le plus puiſſant, comme le particulier le plus riche, peut avoir un preſſant beſoin de la bienveillance de ſes voiſins; or je le repete, comment l'obtiendra-t-il, ſi ce n'eſt par une affection réciproque?

Ne pourroit-on pas aller plus loin encore, & dire que tous les ſentimens nobles s'étayent les uns les autres; que celui qui aime des hommes qu'il n'a jamais vus, dont il n'a rien reçu, dont il n'attend rien, en ſera bien plus capable des ſacrifices les plus généreux pour ceux qui ont guidé ſon enfance, embelli ſa jeuneſſe, partagé les plaiſirs & les peines de ſon âge mur, & de qui il attend la conſolation de ſes cheveux blancs? O Humanité! Douce & précieuſe vertu! C'eſt à ton foyer ſacré que s'épure & s'anime dans les belles ames le feu plus brillant encore du Patriotisme; qui l'ignore, peut le fer à la main escalader un mur, défendre une brêche, forcer un rempart, il peut ceindre son front des lugubres lauriers d'une victoire sanglante, faire des esclaves & des malheureux; mais ce n'est point lui qui obtiendra à ses concitoyens le respect & l'amour des Nations voisines, ni qui enchaînera les cœurs des vaincus.

TROISEME QUESTION.

Le Christianisme est-il favorable à la Tyrannie?

„ Pour que la société, dit Mr. Rousseau, „ fût paisible, & que l'harmonie se maintînt, „ il faudroit que tous les citoyens sans excep- „ tion fussent également bons Chrétiens; mais „ si malheureusement il s'y trouve un seul „ ambitieux, un seul hypocrite, un Catilina, „ par exemple, un Cromwel, celui-là très- „ certainement aura bon marché de ses pieux „ compatriotes. La charité Chrétienne ne „ permet pas aisément de penser mal de son „ prochain."

Mr. Rousseau fait probablement ici allusion à ce que dit St. Paul de la charité, qu'elle n'eſt point ſoupçonneuſe; mais pour un homme qui voit ordinairement ſi bien, comment n'a-t-il pas vû que ce précepte s'adreſſoit à l'homme, & nullement au citoyen? Non, la charité n'eſt point ſoupçonneuſe, le Chrétien n'eſt point défiant; infiniment éloigné d'offenſer ſciemment ſes freres, il ne craint point non plus qu'ils le bleſſent lui-même, il interprête, auſſi longtems qu'il peut, les apparences en bien; s'il eſt trompé quelquefois, il préfere encore de beaucoup ſon ſort à celui de ces hommes hâves & ſombres, qui ſur la foi de leur cœur traitent la vertu de chimère, & craignant toujours de tout perdre, ne jouïſſent jamais de rien.

Mais portera-t-il ſa ſécurité dans la politique? Il faudroit pour cela, que la perte de ſa liberté l'intéreſſât ſeul, que cette perte ne fût pas plus grande à ſes yeux que celle de ſon argent, qu'il n'eût rien promis à ſes concitoyens, qu'il ne connût point l'effet des dignités ſur les hommes, éclairciſſons ces diſtinctions.

Je dis 1°. qu'afin que le Chrétien portât ſa ſécurité dans la politique, il faudroit que la perte de ſa liberté l'intéreſſât ſeul, car ſitôt qu'un changement dans ſon état peut nuire à celui d'un autre, ſuppoſé d'un côté que la charité l'endorme, de l'autre il eſt réveillé par l'affection qu'il porte à ſes freres; or ce n'eſt pas à Mr. Rouſſeau qu'il eſt beſoin de prouver qu'un citoyen qui néglige ſa liberté, expoſe celle de tous les autres; la vertu qu'il accuſe, porte donc avec elle ſon propre remede.

Eſt-il bien vrai en ſecond lieu que la perte de ſa liberté n'eſt pas plus grande aux yeux du Chrétien que celle de ſon argent? Et qu'eſt l'argent aux yeux du Chrétien? Un vil métal qui corrompt la plupart de ſes poſſeſſeurs, qui fournit aux uns le moyen d'aſſouvir leurs folles paſſions, aux autres l'aliment de leur vanité ou de leur envie; certainement s'il lui met un prix, c'eſt celui qu'il peut tirer de l'exercice de la bienfaiſance, encore par cette raiſon devroit-il être jaloux de ſa liberté, car quand on a un Maître, on n'a guere plus les moyens de ſoulager ſes ſemblables; mais quand le Chrétien pourroit s'expoſer à ceſſer d'être bienfaiſant, s'expoſeroit-il auſſi à ceſſer d'être homme, à effacer le plus beau trait de l'image de ſon Créateur? On peut être pauvre & heureux, ſe dit-il à lui-même, c'eſt ce qu'à été mon Sauveur; mais avili & content, c'eſt ce qu'un grand cœur ne ſera jamais, & ce que le mien ne peut être: O hommes! conjurez donc, ſi vous le voulez, contre ma fortune, partagez-vous mes dépouilles; tant qu'il me restera des forces pour travailler, je me plaindrai bien moins de vos injustices, que je ne vous en plaindrai vous-mêmes; mais ma liberté!.... tremblez, mortels, d'y porter atteinte, je la reçus de Dieu en naissant, je ne la perdrai qu'à la mort. (*m*).

Que sera-ce donc, si à son propre intérêt, si à l'intérêt qu'il prend à ses freres, nous ajoutons un Contract positif, par lequel il ait solemnellement promis de veiller au salut commun, & au maintien de la liberté publique? De quel droit sommeilleroit-il après un engagement si sacré? Quelle est la Loi de l'Evan-

(*m*) On peut donner comme regle générale, que moins un homme tient aux avantages factices de la Société, tels que sont l'opulence, la célébrité, les plaisirs, plus il a besoin pour être heureux des dons réels de la nature, comme, par exemple, de la liberté. Or qui est plus désabusé que le Chrétien des chimères de la richesse, de la renommée ou des voluptés? Tirez la conséquence.

gile qui le relève de ce ferment? Ou dira-t-on que fcrupuleux dans les affaires qu'il a avec des particuliers, il ne craindra point de fe parjurer, quand fon parjure pourra être fatal à tout un Peuple?

Ajoutons une dernière remarque, & je fupplie qu'on ne faffe point d'application odieufe & particulière d'une vérité générale, qui admet heureufement un grand nombre d'exceptions, c'eft que pour peu qu'on ait étudié le cœur humain, on fait qu'il eft infatiable de puiffance & de grandeur, que le degré même qu'on en confie à un homme, ou qu'il tire de fes talens & de fes richeffes, ne fait fouvent qu'irriter cette foif, en même tems qu'il fournit divers moyens de la fatisfaire; on s'aveugle fouvent de très-bonne foi, on voudroit pouvoir faire le bien à fa manière, on ne prévoit pas que d'autres abuferoient de ce pouvoir, &

qu'il ſeroit trop tard alors de le révoquer ; voilà ce qui mêle toujours un peu de ſollicitude au penchant qu'a le Chrétien à bien juger de ſes ſemblables, il fait que les mêmes cauſes qui ont rendu les Gouvernemens & l'inégalité néceſſaires, doivent rendre quelquefois ces remedes mêmes dangereux, il ne connoît pas plus de Pape dans le Politique que dans le Sacré, & malheur à lui, s'il ne ſe défioit pas de lui-même dans des circonſtances pareilles (*n*).

Mais s'il n'eſt pas aiſé d'aveugler le Chrétien ou de l'endormir ſur ſa liberté, en ſuppoſant qu'il ſubiſſe le joug, ne le portera-t-il pas ſans murmure? „ Dès que l'hypocrite, dit

(*n*) Ceux qui ont dit que tel Tribun, qui avoit été le rempart de la liberté de Rome, eût peut-être voulu l'opprimer, s'il fut né Patricien, ont dit une choſe très-humiliante, mais très-profonde ; l'ambition n'eſt pas le vice d'un Ordre, mais du cœur humain : Hommes libres, défiez-vous de tout défenſeur qui vous demande une confiance ſans bornes.

„ Mr. Rousseau, aura trouvé par quelque ruse
„ l'art d'en imposer, & de s'emparer d'une
„ partie de l'autorité publique, voilà un hom-
„ me constitué en dignité, Dieu veut qu'on
„ le respecte, bientôt voilà une Puissance,
„ Dieu veut qu'on lui obéisse; le dépositaire
„ de cette puissance en abuse-t-il? C'est la
„ verge dont Dieu punit ses enfans."

Tout cet argument porte encore sur la latitude que donne Mr. Rousseau à quelques passages de l'Ecriture, voyons donc s'il les a bien entendus.

Le plus exprès sans contredit, & le plus favorable, ce semble, à l'usurpation & à la tyrannie, c'est celui qui commence le XIII. Chap. de l'Epit. de St. Paul aux Romains; je suis même bien trompé, si ce n'est pas cet endroit qui a fait le scandale de Mr. Rousseau: examinons-le donc avec équité, sans y mêler les Commentaires des Sacheverels. (o) Si nous prouvons que celui-ci, loin d'autoriser l'esclavage, tend uniquement au bonheur des Peuples, il sera peu besoin d'en discuter d'autres.

„ Que toute personne, dit l'Apôtre, soit „ soumise aux Puissances supérieures, car il „ n'y a point de Puissance qui ne vienne de „ Dieu, & les Puissances qui subsistent, sont „ établies de Dieu:" fort bien: mais qu'entend St. Paul par ces Puissances, car encore ne faut-il pas donner à cette expression un sens plus étendu que celui dans lequel l'Auteur l'entend lui-même, or voici la définition qu'il en fait trois lignes après.

„ Les Princes ne sont point la terreur des

(o) Sacheverel étoit un fameux Prédicateur Anglois, qui prêchoit sous la Reine Anne l'obéissance passive, & s'attira ainsi la juste animadversion du Parlement.

„ bonnes actions, mais des mauvaiſes; veux-tu „ donc ne point craindre les Puiſſances, fais „ bien, & elles te loueront : car le Prin- „ ce eſt Miniſtre de Dieu pour ton bien, „ mais ſi tu fais mal, crains, parce qu'il ne „ porte point l'épée en vain, car il eſt Mi- „ niſtre de Dieu établi pour faire juſtice en „ puniſſant celui qui fait mal." Si l'on reconnoît à ce portrait les Tyrans, on fera fort bien de leur obéir. Diſons mieux, il eſt clair par la définition de St. Paul, que les Puiſſances & les Princes établis de Dieu, & auxquels toute perſonne doit être ſoumiſe, ſont ceux qui protegent & honorent la vertu, qui flétriſſent & répriment le méchant : mais s'ils tiennent une conduite oppoſée, ſi, au-lieu de punir le vice & le crime, ils l'encouragent & le ſoutiennent, ſi, loin de reſpecter & de louer les gens de bien, ils les écartent, les humilient & les perfécutent, je ne vois plus en eux les Miniftres du Dieu bienfaifant que j'adore, j'y vois mes ennemis & ceux de mes freres; en violant les conditions fous lefquelles Dieu & les hommes les ont établis, ils fe deftituent eux-mêmes, & s'ils regnent encore, ce n'eft plus de droit, mais de fait (*p*).

Mr. Rouffeau infiftera cependant encore: fuppofons, nous dira-t-il, que le Chrétien foit en droit de fecouer le joug des Tyrans, ofera-t-il employer les moyens néceffaires pour y réuflir? „ Il faudroit troubler le repos public, „ ufer de violence, verfer du fang, tout cela „ s'accorde mal avec la douceur du Chrétien,

(*p*) Si l'on m'objectoit que Néron étoit fur le trône, lorfque St. Paul déclaroit que toutes les Puiffances fubfiftantes étoient établies de Dieu, je répondrois que cette Epitre a été écrite la troifieme année du regne de cet Empereur, & qu'il en regna cinq comme Tite; c'eft lui qui prêt à figner l'arrêt de mort d'un criminel, fit cette belle exclamation, plût-à-Dieu que je ne fçuffe pas écrire!

„ & après tout, qu'importe qu'on ſoit libre „ ou ſerf dans cette vallée de miſeres ? L'eſ- „ ſentiel eſt d'aller en Paradis, & la réſigna- „ tion n'eſt qu'un moyen de plus pour cela."

La réſignation à la ſervitude n'eſt qu'un moyen de plus pour aller en Paradis! Mr. Rouſſeau le croit-il lui-même ? Il nous permettra du moins de douter qu'il y prétende à ce titre; nous pouvons l'aſſurer auſſi qu'il fait au Chrétien beaucoup trop d'honneur, & que ſa patience n'eſt pas ſi obſtinée qu'il le penſe.

Pourquoi ne l'eſt-elle pas ? Diſtinguons : le Chrétien eſt réſigné dans les maux qu'il n'a pû ni éviter, ni guérir, il les regarde comme des épreuves auxquelles la Providence a permis que les hommes fuſſent expoſés, & convaincu qu'elle ne l'a pas fait ſans raiſon ni par impuiſſance, il ſouffre en ſilence, & attend ſans murmurer le moment, où le voile qui lui cache la marche de ſon Créateur, ſera levé, & où il bénira ce qui l'avoit fait gémir. Dans ce ſens-là il peut ſe ſoumettre à la ſervitude elle-même, ſuppoſé qu'il naiſſe chez une Nation, dont une longue tyrannie ait tellement abâtardi le courage, qu'elle ait oublié ce que c'eſt que liberté ; enſorte que s'il hazardoit quelque effort pour rompre ſes chaînes, abandonné preſque de tous, hué même par la plûpart de ſes imbécilles compatriotes, au-lieu de réparer les pertes de ſon pays, il ne feroit qu'y joindre celle des ſervices que ſes compagnons & lui auroient pû lui rendre à d'autres égards.

Mais changez ſa poſition, ſuppoſez le citoyen d'un Etat nouvellement aſſervi, où il entende encore quelquefois prononcer en ſoupirant le nom de Patrie, où il liſe ſur quelques fronts généreux le déſeſpoir amer & la honte de l'avoir perdue, avec quel zèle réunira-t-il les étincelles éparſes de ce feu ſacré ? Avec quelle ardeur l'attiſera-t-il ? Et ſi le ſuccès répond à ſes ſoins, ſi l'amour de la liberté fumant encor dans les cœurs, peut fournir au Brutus un certain nombre de Décimes, tremblez, Tyrans, tremblez, ou deſcendez d'un Trône uſurpé ; il eſt bien vrai que le ſang humain lui eſt cher, & qu'ainſi il lui en coûtera des regrets pour verſer même le vôtre ; mais s'il n'eſt pas d'autre moyen d'affranchir ſes compatriotes, n'en doutez point, il marchera à leur tête pour vous immoler, il mourra libre avec eux, ou il enſevelira la ſervitude avec vous.

Et ce n'eſt point le fanatiſme, ni l'enthouſiaſme d'un moment qui lui donneront cette audace, ce ſont ſes Principes, ſa Religion, ſa vertu : prouvons.

Qu'eſt-ce que la tyrannie? C'eſt le pouvoir d'un brigand, qui n'a pas craint de commettre, ſouvent par les crimes les plus affreux, la plus grande injuſtice que l'on puiſſe faire, celle de dépouiller tout un Peuple des droits qu'il tenoit de Dieu même pour l'aſſervir à tous ſes caprices.

Qu'attendre d'un pareil Maître? Ou plutôt, que n'en a-t-on pas à craindre? Sera-t-il plus ſcrupuleux à uſer de ſon pouvoir, qu'il ne l'a été à s'en emparer? Reſpectera-t-il le repos, les biens, la vie même de ceux qu'il a oſé charger de liens? Dans quel but même en eût-il voulu faire ſes eſclaves, s'il n'avoit pas penſé à en faire ſes victimes? On n'opprime point les gens pour les rendre heureux.

Suppoſons même ce qui n'eſt pas ſans exemple, que le premier Uſurpateur ait quelques vertus ou leur ſimulacre, qu'il affecte par politique des ſentimens qu'il n'a point, le Chrétien doit-il le laiſſer jouïr des fruits de ſon premier crime, parce qu'il veut bien n'en plus commettre d'autres? Il faudroit pour cela être tout au moins aſſuré que ſes ſucceſſeurs lui reſſembleront; mais comme on ne peut avoir cette certitude, que mille expériences conſtatent au contraire que la ſuprême autorité corrompt les meilleurs naturels, & qu'on ne réſiſte guères à la tentation de faire le mal, quand on eſt ſûr de l'impunité, il ſuit évidemment de-là qu'on doit tout tenter pour chaſſer le premier Tyran, fut-il un Antonin, un Tite, ſans quoi le Peuple s'apprivoiſe avec l'eſclavage, il s'accoutume à ſe paſſer de liberté, bientôt il n'auroit plus ni la force de la porter, ni celle de la reprendre, à quelque point que le vexât l'oppreſſeur. Les Gélons ſont cauſe qu'on obéit aux Hiéronymes, & les Auguſtes aux Tiberes.

Si cependant les maux enfantés par la ſervitude, ſe réduiſoient à nous priver de quelques douceurs de la vie, à diminuer notre aiſance, à augmenter notre travail, à nous ravir quelques privileges plus honorables qu'utiles, peut-être le Chrétien s'y ſoumettroit-il, dans la crainte de faire acheter trop cher la révolution. Malheureuſement il s'en faut beaucoup que les choſes n'aillent ainſi, les Tyrans ne ſe bornent pas à rendre malheureux les Peuples, ils les rendent encore méchans; en les privant du bonheur de cette vie, ils travaillent encore à les rendre indignes de la félicité à venir, enſorte que la réſignation dans ce cas, loin d'être un moyen pour aller en Paradis, y met une foule d'obſtacles.

Sera-t-il beſoin de le prouver? Qui ne voit

qu'en ôtant aux citoyens leurs privileges communs, on brise le lien qui les unissoit? La plupart ne cherchent plus qu'à flater la tyrannie pour adoucir son avidité, ou pour avoir l'honneur de tyranniser sous elle; on s'efforce par l'abandon de la cause publique d'améliorer la sienne, souvent même on va au devant des vœux de l'Oppresseur, pour échapper à sa rage; c'est ainsi qu'on vit sous Caligula les Sénateurs disputer entr'eux à qui proposeroit en sa faveur les plus vils décrets, & lui accorderoit les droits les plus odieux. Qu'on ajoute à cela les milliers de forfaits qu'enfante la misere, les honteux plaisirs que l'on substitue à ceux du patriotisme perdus, le mauvais exemple donné par la Cour même du Tyran, les séduisantes amorces qu'il a soin d'offrir au Peuple pour achever de l'amollir, la haine secrette & les persécutions sourdes que s'attirent ceux qui conſervent encor quelque choſe des qualités mâles de la République, & l'on comprendra pourquoi, ni chez les Anciens, ni chez les Modernes, aucun Peuple aſſervi n'a été vertueux.

Puis donc que la liberté eſt l'aliment de la vertu, comme la vertu eſt le rempart de la liberté; quelle ne ſera pas l'attention du Chrétien à écarter tous les dangers qui menaceroient l'une ou l'autre ? Et ſi malgré ſa vigilance & ſes ſoins un fourbe réuſſit à envahir l'autorité, que ne tentera-t-il pas pour la lui ravir ? Et qu'on ne nous parle point ici de douceur : épargner les Tyrans, lorſqu'on a quelque eſpoir de les renverſer, c'eſt foibleſſe, c'eſt cruauté, c'eſt immoler à quelques traîtres un Peuple entier & ſes deſcendans.

Qu'y a-t-il dans l'Evangile qui s'oppoſe à ces réflexions, ou plutôt qui ne les renforce?

Je dois aimer mes ennemis, il eſt vrai; mais les ennemis de mes freres, ceux qui non contens de les tourmenter, fomentent encore parmi eux des vices qui les armeront bientôt les uns contre les autres, dois-je les aimer? Je dis plus; en ſuppoſant une autre vie, cette vie l'eſpoir du Chrétien, ſi chere à Mr. Rouſſeau lui-même, & qui doit le dédommager de celle-ci, c'eſt ſervir l'Oppreſſeur que de le chaſſer, ou de le faire périr, car ſi c'eſt la méchanceté qui fait les Tyrans, la tyrannie à ſon tour fortifie bien la méchanceté.

Si de ces conſidérations générales, nous portons enfin nos regards ſur l'intérieur même du Chriſtianiſme, nous ſerons étonnés de voir combien ſes principes s'accordent, ſe confondent même ſouvent avec ceux de la République.

La République demande des citoyens qui

connoissent les Loix qu'ils réverent, le Christianisme veut des disciples qui examinent avant que de croire; la République veut que le Peuple élise ses Chefs, la Religion qu'il approuve au moins ses Ministres; la République exige de ses membres qu'ils vivent plus de la vie de citoyens que de celle d'hommes, l'Evangile confond dans une seule existence, l'existence de ses sectateurs, ensorte que tous participent à la gloire ou à la souffrance d'un seul; enfin la République demande des hommes convaincus de leur égalité naturelle, aussi jaloux de se la conserver à eux-mêmes que scrupuleux à la respecter en autrui; l'Evangile apprend aux mortels qu'ils sont tous nés d'un même sang, qu'ils ont le même Dieu pour Pere, que le même Jésus descendit du Ciel pour les y conduire, & qu'il les appelle tous à y regner avec lui.

Que des Peuples Payens qui pensoient être

ſortis de la terre, euſſent des ſentimens conformes à la baſſeſſe de cette origine, & rendiſſent des honneurs ſerviles à des Rois qu'ils croyoient deſcendus des Dieux, il n'y a rien là qui m'étonne; que ces mêmes Rois, infatués de leurs ayeux chimériques, ne jettaſſent qu'un œil de dédain ſur la foule rampante à leurs pieds, & ne la regardaſſent que comme un vil troupeau de victimes deſtinées à ſervir à tous leurs caprices, on auroit tort encore d'en être ſurpris : mais que des Chrétiens oſent charger leurs freres de chaînes, & flétrir en eux la céleſte image du Dieu qui les a formés; que ces mêmes fils du Très-Haut, convaincus qu'il les appelle à une immortalité glorieuſe, & à porter à leur tour la couronne, & le ſceptre, ſe laiſſent traiter en bêtes de ſomme, & portent ſans murmurer le joug infamant de la ſervitude, c'eſt ce qui n'arriva jamais & ne ſauroit arriver; on prouvera bien ſans doute que des Chrétiens ayant ceſſé de l'être, c'eſt-à-dire, ayant adopté les vices des Nations corrompues, ont de même ſubi leur ſort, ont été Tyrans ou eſclaves; je ne nie point non plus que des Chrétiens ne puiſſent dégénérer, mais tant qu'ils conſerveront leurs Principes, ils reſpecteront leurs ſemblables, ils ſe reſpecteront eux-mêmes, & ne porteront d'autre joug que celui des Loix & de la vertu.

Si l'on me demandoit enſuite, pourquoi, le Chriſtianiſme étant ſi favorable à la liberté, il y a cependant ſi peu d'Etats libres en Europe? Je répondrois que c'eſt parce qu'il y a peu de Chrétiens: qu'on me le montre cet Etat, où les mœurs Evangéliques dominent, je paſſe condamnation, s'il eſt aſſervi: un ambitieux, quel qu'il fût, y penſeroit à deux fois, avant que d'entreprendre ſur la liberté d'un Peuple vraiment Chrétien, dont les citoyens mépriferoient les richeſſes, méneroient une vie ſimple, laborieuſe, frugale, s'aimeroient comme des freres & des futurs combourgeois du Ciel; le même Peuple briſeroit bientôt ſes fers, s'il en pouvoit naître un tel ſous le joug; mais dans ce ſiécle malheureux où le luxe efféminе toutes les ames, où la ſoif ardente de l'or endurcit & ferme les cœurs, où d'audacieux Philoſophes, encore plus inhumains qu'impies, ſappent à coups redoublés tous les ſoutiens de la vertu, où les gens de lettres, ces prétendus flambeaux de la terre, en encenſent baſſement les ſuperbes Dominateurs; faut-il s'étonner, ſi le Deſpotiſme étend de plus en plus ſes ſerres cruelles, & ſi la liberté chancele dans pluſieurs même des heureux pays qui la poſſedent encore? Mais que l'on faſſe des Chrétiens, & l'on aura bientôt des citoyens & des hommes.

QUATRIEME QUESTION.

Le Chriſtianiſme affoiblit-il les vertus guerrieres?

L'ON accuſe enfin le Chriſtianiſme d'affoiblir les vertus guerrieres; avant que de répondre à l'imputation, rapportons les raiſons ſur leſquelles on la fonde.

„ Survient-il, dit Mr. Rouſſeau," quelque „ guerre étrangere? Les citoyens marchant „ ſans peine au combat, nul d'entr'eux ne „ ſonge à fuïr, ils font leur devoir, mais ſans „ paſſion pour la victoire; ils ſavent plutôt „ mourir que vaincre. Qu'ils ſoient vain- „ queurs ou vaincus, qu'importe? La Provi- „ dence ne ſait-elle pas mieux qu'eux ce qu'il „ leur faut? Qu'on imagine quel parti un en-

„ nemi fier, impétueux, paſſionné peut tirer „ de leur Stoïciſme! Mettez vis-à-vis d'eux „ ces Peuples généreux que dévoroit l'ardent „ amour de la gloire & de la Patrie, ſuppoſez „ votre République Chrétienne vis-à-vis de „ Sparte ou de Rome; les pieux Chrétiens ſe„ ront battus, écraſés, détruits, avant d'a„ voir eu le tems de ſe reconnoître, ou ne „ devront leur ſalut qu'au mépris que leur en„ nemi concevra pour eux: c'étoit un beau „ ſerment à mon gré que celui des ſoldats de „ Fabius, ils ne jurerent pas de mourir ou de „ vaincre, ils jurerent de revenir vainqueurs, „ & tinrent leur ſerment: jamais des Chré„ tiens n'en euſſent fait un pareil, ils auroient „ cru tenter Dieu.

„ Les troupes Chrétiennes ſont excellentes, „ nous dit-on: je le nie: Qu'on m'en mon„ tre de telles? Quant à moi, je ne connois

„ point de troupes Chrétiennes. On me citera les Croisades, sans disputer sur la valeur des Croisés, je remarquerai que bien loin d'être des Chrétiens, c'étoient des soldats du Prêtre, des citoyens de l'Eglise.

„ Sous les Empereurs Payens les soldats „ Chrétiens étoient braves, tous les Auteurs „ Chrétiens l'assurent, & je le crois; c'étoit „ une émulation d'honneur contre les troupes „ Payennes. Dès que les Empereurs furent „ Chrétiens, cette émulation ne subsista plus, „ & quand la croix eut chassé l'aigle, toute la „ valeur Romaine disparut".

J'abandonne d'abord les Croisés; le Chrétien ne quitte point son pays pour aller chasser les autres du leur, il ne veut devoir qu'à ses raisons & à ses vertus les prosélytes qu'il fait à la Foi.

Je ne reconnois pas plus pour troupes Chrétiennes ces multitudes de fainéans qui se vendent à qui les paye, servent souvent contre leurs compatriotes, & n'élévent les nobles vœux de leur ambition qu'à quelque avancement de grade, souvent même à quelque pillage.

J'accorde également qu'un Peuple qui n'est que soldat, sera plus aguerri que le Chrétien, qui fait autre chose que verser du sang, & qu'ainsi, toutes choses égales d'ailleurs, Sparte ou Rome eussent triomphé d'une République Chrétienne.

J'admire aussi le serment des soldats de Fabius, comme fait dans l'enthousiasme de leur amour pour la Patrie; cependant, quand cet enthousiasme va jusqu'à la présomption, comme il arrive aisément, ne peut-il pas aussi souvent être funeste qu'utile?

Combien d'armées ont été défaites pour avoir trop compté ſur la victoire! Concluons que des Chrétiens qui n'auroient pas tenté Dieu, euſſent été moins Héros & plus ſages; mais tout cela eſt peu important, venons à l'eſſentiel.

I°. N'eſt-il pas chimérique de ſuppoſer des citoyens qui marchent ſans peine au combat, & qui ſoient en même tems ſans paſſion pour la victoire? Leur réſignation à la Providence pourra bien leur faire ſupporter leur défaite, elle n'empêchera point qu'ils ne la regardent comme un grand malheur, & qu'en conſéquence ils ne faſſent les plus grands efforts pour l'éviter ou le réparer.

II°. Suffit-il pour qu'un Peuple ſoit généreux qu'il ſache ſe battre? Ne faut-il pas du moins encore qu'il ne faſſe que des guerres juſtes? Or dans ce cas Sparte ni Rome n'euſſent jamais vaincu des Chrétiens, parce que ceux-ci ne leur faifant aucune injure, étant du moins toujours prêts à la réparer, ne leur auroient point fourni de raifon de les attaquer.

Ce n'eft point fans regret que j'attente dans ce fiécle aux lauriers dont les Romains & les Spartiates font couronnés depuis fi longtems; (q) ils aimoient au moins la Patrie & la liberté, au-lieu que la plupart des peuples modernes n'aiment que l'argent; cependant, à les juger fans prévention, n'auroit-on pas raifon de dire que leurs vertus ont couté cher à la terre, & qu'ils n'ont guere eu de la générofité que lorfqu'ils n'avoient pas befoin d'en manquer? Ils aimoient la Patrie, & haïffoient le genre-humain; ils combattoient avec courage

(q) J'obferve en effet que ces illuftres Peuples n'ont pas aujourd'hui de plus mortels ennemis que ces foules d'hommes lâches & Sybarites, qui fe fentant offufqués, & comme écrafés de leurs vertus mâles & patriotiques, n'oublient rien pour en obfcurcir l'éternel éclat.

contre les Tyrans, mais ils opprimoient eux-mêmes tous ceux qu'ils pouvoient ſoumettre: qui n'a plaint le ſort des triſtes Ilotes, qui nourriſſoient leurs vainqueurs, & en étoient payés par les plus durs traitemens; ne fut-ce pas la fiere Sparte, qui ne pouvant réſiſter par ſes ſeules forces à Athenes dans la guerre du Peloppонneſe, aima mieux mendier de honteux ſecours à la Cour de Perſe que de demander la paix à ſa rivale? Après l'avoir terraſſée, avec quelle hauteur ne traita-t-elle pas la Grece entiere & même ſes alliés? Avec quelle perfidie s'empara-t-elle de Thebes? Elle oſa tout, dès qu'elle crut pouvoir tout oſer.

Le tableau de Rome n'eſt pas plus brillant: ennémie par état de tous ſes voiſins, elle profita des plus légers prétextes pour les attaquer, & ne leur accorda jamais la paix qu'avec l'eſclavage; ſon audace croiſſant avec ſa puiſſance, elle commit bientôt ſans pudeur les plus criantes injuſtices; elles ſe ſuccedent preſque ſans relâche, dès qu'elle a mis le pié hors de l'Italie.

Quoi de plus honteux que ſon alliance avec les brigands Mamertins en Sicile, après avoir maſſacré ceux de Rhege? Quoi de plus lâche que de profiter des malheurs de Carthage, pour lui ravir en pleine paix la Sardaigne & la Corſe? Quoi de plus tyrannique & de plus perfide que la deſtruction de Corinthe, & de cette même Carthage? Rome & ſon Scipion ne ſont-ils pas anéantis devant les magnanimes Numantins, même en les réduiſant à bruler leur Patrie?

L'Univers déſolé fût enfin Romain, mais pour devenir malheureux, & pour éprouver ſous des Proconſuls plus de vexations & d'horreurs qu'il n'en avoit connues ſous ſes Rois les plus cruels : Rome elle-même qui dévoroit tout, fut à ſon tour ravagée ; ſes enfans, allaités en quelque maniere du ſang & des pleurs des Nations, ne trouvant plus au dehors dequoi piller & détruire, tournerent contr'elle-même leurs bras parricides, le ſang des citoyens coula à grands flots, & l'on reconnut enfin avec autant d'étonnement que d'effroi, que toutes les victoires remportées par l'ambition, avoient été autant de batailles perdues par la liberté.

Admirons donc les grands hommes que ces deux Républiques ont produits en foule, ne les imitons elles-mêmes qu'à quelques égards ; ne célébrons point l'amour de la gloire & de la Patrie aux dépens de l'humanité & de la juſtice, & diſons qu'une Nation qui ſuccombe en ſe défendant vaillamment, eſt plus généreuſe & plus reſpectable que celle même qui la terraſſe, ſi celle-ci n'a pu l'attaquer ſans crime, ni la vaincre que par trahiſon.

III°. Eſt-il bien vrai en troiſieme lieu, que des Chrétiens euſſent été battus, écraſés, détruits par Rome ou Sparte, avant d'avoir eu le tems de ſe reconnoître, ou qu'ils n'euſſent dû leur ſalut qu'au mépris que leur ennemi eut conçu pour eux? Qu'eſt-ce donc qui fait les Peuples guerriers? Ne ſont-ce pas des mœurs ſimples, actives, laborieuſes? N'eſt-ce pas l'habitude de mener une vie dure, & de ſe nourrir aiſément de tout? Et cela qu'eſt-ce autre choſe que le tableau d'un Peuple Chrétien? J'oſe le dire, St. Paul en exhortant les diſciples à matter leur corps, à le réduire en ſervitude, à ſavoir être dans l'abondance & dans la diſette, défendoit en même tems les intérêts du Ciel & de la Patrie, & travailloit à former des Héros comme des Martyrs.

IV°. Ajoutez à cela qu'un Peuple de vrais Chrétiens eſt nombreux, déſintéreſſé, & brave la mort, il faut bien des combats avant que d'aſſervir un tel Peuple, ſi l'on y réuſſit à la fin, les lauriers du vainqueur ſont ſûrement trempés de ſon ſang.

V°. Il eſt un autre motif qui ſoutiendroit le courage des Chrétiens, & animeroit puiſſamment leur valeur, c'eſt la liberté de conſcience, reſſource inconnue aux anciens Peuples, qui abandonnoient (*r*) ſans peine des Dieux dont ils croyoient avoir été abandonnés; chez les Chrétiens au contraire, telle Nation défendroit en lâche ſa liberté politique, ou civile,

(*r*) Les Saxons, il eſt vrai, défendirent opiniâtrement leurs autels contre Charlemagne, mais c'étoit beaucoup moins en haine du Chriſtianiſme que du Conquérant barbare, qui les forçoit le fer à la main de recevoir ſon joug & ſon Dieu; & lorſque les Anciens diſoient, *Pro aris & focis pugnare*, ils n'entendoient pas combattre pour leur Religion, mais pour leurs temples.

qui se feroit massacrer pour se conserver le libre exercice d'une Religion, dont elle attend le bonheur suprême & celui de ses enfans. L'Angleterre seroit probablement sous le joug, si Jacques II. n'eut voulu la rendre Papiste, aussi-bien qu'esclave.

Qu'il me soit permis de joindre à cet exemple celui de la Patrie même de Mr. Rousseau. Genève, jusqu'à la Réformation, n'avoit produit quelques Héros que pour les voir périr avec ignominie, s'il y en peut avoir à mourir pour son pays, elle n'a recouvré sa liberté politique que depuis qu'elle eût à défendre celle de la Religion; jusqu'à Calvin elle n'avoit livré que des combats malheureux, c'est depuis ce grand homme que le succès égala son courage, & que le sang de Berthelier fut enfin vengé.

VI°. Jusqu'ici nous supposions la République Chrétienne obligée de se soutenir par ses seules forces; y seroit-elle en effet réduite? La chose est peu vraisemblable: premierement des Chrétiens étant bons, officieux, faciles avec leurs voisins, en seroient sûrement aimés, 2°. ils le seroient d'autant plus que par la connoissance qu'on auroit de leurs principes, on ne craindroit rien de leur part. 3°. Quiconque les attaqueroit, le faisant toujours sans raison, deviendroit par-là même très-suspect à d'autres Peuples, & les engageroit, pour peu qu'ils eussent de prudence, à se liguer contre l'aggresseur. Heureux alors celui-ci, s'il en étoit quitte pour échouer! La défiance auroit doublé les forces de ses ennemis, l'indignation les tripleroit.

VII°. Enfin peut-on dire que la valeur des Romains ait disparu avec le Paganisme, & que l'Empire n'eut plus de soldats, dès qu'il eût des Chrétiens pour Chefs? Pourquoi donc Conſtantin & Théodoſe, à la tête de ces mêmes Chrétiens, triompheront-ils de Licinius, de Maxime & d'Eugene, qui en ſe déclarant les protecteurs des Payens, les avoient attirés ſous leurs drapeaux par milliers? Pourquoi Béliſaire & Narſès vainquirent-ils les Goths & les Vandales? Comment leur reprirent-ils l'Afrique & l'Italie?

Non, ce ne fut point la révolution dans le culte, mais celle qui s'étoit faite dans le Gouvernement & les mœurs qui prépara la chute de l'Empire. Rome avoit ſubjugué le monde par ſa liberté, par ſa frugalité, par ſa conſtance indomptable, par les traités ou les trêves dont elle endormoit une partie de ſes ennemis, tandis qu'elle atterroit les autres par les armes; mais lorſque vingt Nations différentes l'aſſaillirent en même tems, & qu'elle n'eut à leur oppoſer que de vils eſclaves, flétris par le joug & amollis par le luxe, ils furent ſans peine écraſés par des Barbares vigoureux & libres. (*s*).

(*s*) Ces cauſes étoient ſi indépendante du Chriſtianiſme, qu'elles avoient failli renverſer l'Empire ſous des Chefs Payens cent cinquante ans avant qu'il fut déchiré ſous Honorius. *Voyez les Conſidérations ſur les cauſes de la grandeur & de la décad. des Romains, Chap. XVI. & XVII.*

EXAMEN HISTORIQUE

DES

QUATRE BEAUX SIECLES

De Mr. de Voltaire (*).

Mr. de Voltaire ne compte que quatre âges dans le monde que l'humanité doive avouer, celui de Philippe & d'Alexandre, celui d'Auguſte, celui de Léon X, & ſur-tout le ſiécle de Louïs XIV. Rien ne lui paroît plus capable d'ennoblir l'homme que d'élever des Palais, de faire parler le maître & la toile,

(*) Ce morceau a déja paru dans le XI volume du *Choix littéraire*, je l'ai laiſſé dans le même état, j'y ai ſeulement ajouté les remarques ſur le ſiécle de Louïs XIV, & j'en ai retranché les éloges de Mr. De Voltaire que l'Editeur y avoit inſérées à mon inſçu; ce n'eſt pas que je n'admire les talens de ce célébre Ecrivain, mais je déplore trop l'uſage qu'il en a fait pour les célébrer.

le, d'ajouter aux commodités, pour ne pas dire aux nécessités de l'espéce, de percer dans le Sanctuaire des Sciences, d'en étendre la sphère, & de s'immortaliser dans la tête des curieux des siécles futurs. Et comme nuls siécles n'ont plus abondé en héros de ce genre que ceux de ces Princes, il n'en est point de plus noble dans son esprit.

Je remarque cependant qu'il n'y en a point qui ait produit plus de tyrans & de flateurs, que tous les vices ont fleuri avec tous les arts, & qu'aucuns n'ont été plus pauvres en grands hommes, que ceux où il y avoit le plus de génies pour les célébrer; mais on n'en croiroit pas la remarque; il faut donc retracer le portrait de ces beaux âges si vantés, & chercher les précieuses prérogatives qui leur doivent donner une préférence universelle. Mr. de Voltaire a parlé en homme de lettres; je parlerai en Citoyen; le Lecteur décidera si l'on doit appeller ces quatre siécles les quatre Ages heureux, *Hist. Gen. Tom. 5. pag. 2.*

Premier Siécle.

Périclès commença ce beau siécle que Philippe & Alexandre fermèrent. Ce fut lui qui embellit Athenes & l'amollit; qui fit naître les Savans & les Artistes en tout genre, & ne fit pas un homme de bien; qui nourrit du trésor public l'oisiveté & le luxe de son Peuple; qui abattit ce tribunal auguste de l'Aréopage, dernière barrière des mœurs, & finit par sacrifier sa Patrie & la Gréce à son ambition, en excitant cette guerre honteuse du Péloponnese, qui alluma plus de feux & renversa plus de villes que n'avoient fait les Darius & les Xerxès, & dont l'issue aboutit à l'oppression d'Athenes elle-même.

Sparte qui la terrassa, déja bien affoiblie par ses victoires, porte le coup mortel à sa vigoureuse constitution, en introduisant chez elle l'or de sa rivale; la Gréce entière nâge dans son sang; il faut que le grand Roi les oblige à faire la paix; ils lui abandonnent leurs colonies d'Asie pour prix de sa médiation.

Socrate boit la cigue à Athenes, pour avoir tenté de faire des prosélytes à la sagesse plutôt qu'à la science. Aristophane l'avoit déja joué sur le théâtre, & son ingrate Patrie avoit applaudi.

Par un effet de cette même ingratitude, Timothée fils de ce Conon qui avoit rebâti ses murailles, est condamné à une amende de cent talens; Iphicrate ne pût se soustraire à une pareille injustice qu'en menaçant du poignard ses Juges.

On voit à quel point étoient montées la licence & la corruption. Athênes brillante, frivole, capricieuse, efféminée, pleine de Sophistes & d'Orateurs, vuide de soldats & de citoyens, offroit toute la facilité possible à quiconque voudroit lui donner des fers; Philippe regne, & les forge.

Il leur prend d'abord Amphipolis, Pydne, Potidée, Crénide, Méthone & Olynthe: peu après il s'empare des Thermopyles, met la Phocide à feu & à sang, & pour prix de ses attentats obtient une place parmi les Amphyctions.

Il suit toujours son projet; il emporte Elatée, bride Thêbes, & jette l'effroi par-tout. En vain Démosthéne tonne, arme sa Patrie & celle d'Epaminondas contre le Tyran, il n'étoit plus tems; il leur rend un peu de courage, il ne peut leur rendre leurs forces; la bataille ſe donne, & Chéronée enterre la liberté.

Le Tyran eſt peu après maſſacré, & les Grecs reprennent les armes; mais ſa mort ne faiſoit pas renaître les Héros de Salamine & de Marathon; à peine Alexandre eſt-il ſur le Trône qu'il eſt en armes, & Thébes en cendres; Athênes demande grace; la Gréce entière le reconnoît pour ſon maître ſous le nom de ſon défenſeur.

Ceci dit tout pour un citoyen. Des Républicains qui tombent dans l'eſclavage, tombent par-là même dans un tel excès d'aviliſſement, qu'il n'eſt pas poſſible qu'ils méritent la moindre louange; ce ſont des infâmes à qui c'eſt faire grace de les oublier.

Dans le même tems qu'Alexandre abattoit la Gréce, ſon couſin Roi d'Epire de même nom que lui, & tout auſſi brave, portoit la guerre en Italie contre les Peuples groſſiers de la Lucanie & du Brutium, qui le tuèrent dans un grand combat; il auroit bien dû chercher des Nations doctes & polies.

Mais ſuivons le grand Alexandre dans ſon expédition contre Darius. Les Perſes aſſervis depuis beaucoup plus longtems que les Grecs, devoient immanquablement ſuccomber; des demi-hommes attaquèrent des femmes énervées, non par les ſciences, mais par tous les arts du luxe & du goût. Le Macédonien vainquit: voyons quels avantages l'Univers retira de la victoire.

Tous les vices des Peuples vaincus ſont pris par le vainqueur, qui force ſon armée à s'avilir avec lui dans la molleſſe & la débauche; toute ſon ame s'ouvre à l'orgueil; il s'immole Parménion & Philotas; il attaque en brigand les Scythes; il verſe encore le ſang de Clytus qui l'avoit ſauvé; ce démon veut bientôt être un Dieu, & la première victime qu'il ſe fait ſacrifier eſt le vertueux Calliſthène.

Mais ſon ambition & ſa fureur ne ſont pas encore aſſouvies ; il pleure de n'avoir qu'un monde à ravager, & il ſe hâte de remplir ſa tâche; il pénètre dans l'Inde, & fait de nouvelles conquêtes & de nouveaux malheureux.

Ses troupes ſe laſſent de dépeupler & de détruire; il eſt forcé de retourner, mais il ne part qu'après avoir donné de nouvelles preuves de ſa ridicule vanité. Il fait élever douze autels de ſoixante cinq pieds, tracer un camp triple du ſien, commande qu'on y laiſſe des lits de ſept pieds & demi de long. Voilà ce qu'étoit le grand Alexandre. Il ſe bat en étourdi avec les Oxidraques, raméne ſon armée en Caramanie extrêmement affoiblie par la famine & la peſte, y reçoit les plaintes des vexations de la plûpart des Gouverneurs qu'il y avoit mis, il les fait mourir ; foible dédommagement de tous les maux que ces Peuples avoient soufferts.

De retour enfin dans la Perse, il se livre à la plus honteuse crapule ; quarante de ses convives meurent de leurs excès dans une débauche ; Ephestion perd dans une autre la vie ; & lui-même expire bientôt après à Babylone en pourceau, laissant la Macédoine épuisée, l'exemple de son ambition à ses Capitaines, & son vaste Empire à déchirer (*). L'Histoi-

(*) Quelques esprits qui ne voyent jamais les choses que sous une face, m'opposeront à ce tableau quelques belles actions d'Alexandre. Je ne nie point qu'il n'eût des vertus ; mais si les Peuples furent sous lui vils, corrompus, & misérables, s'il resserra les chaînes des Grecs, s'il força les Macédoniens à l'adorer, s'il attaqua vingt Nations qui ne le connoissoient pas même de nom, il fut un bon soldat, un mauvais Prince, & point du tout un grand homme. Aristote, le grand Aristote ne lui avoit point appris à vivre ; le vrai Héros est

re de ses successeurs n'est presque que l'Histoire de leurs crimes; ce beau siécle si fertile en dévastations & en guerres, prépara les malheurs des siécles suivans; & voilà le premier âge digne, selon Mr. de Voltaire, d'être éternellement consacré dans la mémoire & dans l'admiration des hommes: Passons au second.

Sécond Siécle.

Je remarquerai d'abord que le point de vûe d'un grand nombre d'Historiens modernes, est bien différent de celui de ces Historiens, qui nous ont fait une peinture si odieuse & si vraisemblable des débordemens de leur tems, Sallustc & Tacite, Cicéron n'eut jamais pen-

pour autrui plus que pour lui, & Alexandre ne vécut que pour Alexandre; il embrasa l'Univers pour faire parler de lui.

ſé que ſon éloquence pût relever ſa Patrie des déprédations de ſes citoyens, & des rapines inouïes des Traitans. Salluſte n'eut point cru que le ſiécle de la Molleſſe, du luxe, des conſpirations & des proſcriptions, pût être un des beaux ſiécles à inſérer dans les Annales du monde ; & jamais Tacite n'eut imaginé que le régne des Tyrans & des délateurs pût ſervir à relever la nature humaine.

Marius & Sylla ouvrirent cette ſcene ſanglante, le premier avoit proſcrit quelques têtes, le ſecond proſcrivit la Patrie même. Cet incendie embraſa l'Italie & l'Eſpagne, faillit à livrer Rome aux flammes des Samnites, fit des ſoldats de la République les ſoldats de ſes Généraux, tout fut perdu ; les Vétérans, pour qui l'on avoit chaſſé de leur patrimoine un grand Peuple, ſoupirèrent toujours après de nouveaux troubles, & de nouvelles confiſcations. On croyoit en général les armées ſi peu attachées à l'Etat, que Pompée devint tout puiſſant pour avoir licencié la ſienne, avant que d'entrer dans la ville.

Ce fut la jeuneſſe, aimable & voluptueuſe de Rome qui défendit le dernier Tarquin. Catilina qui voulut l'être, ſéduiſit de même la jeune nobleſſe de ſon tems, qui avoit reçu non la meilleure, mais la plus belle éducation, & elle entra avec fureur dans tous ſes complots. Qu'on apprenne d'ici à connoître les gens de goût.

Catilina ſuccomba, par ce qu'il avoit plus de ſcélérateſſe que d'habileté, parce qu'il étoit perdu de débauches, de réputation & de dettes, parce qu'il découvrit trop-tôt ſes projets. Céſar moins cruel que lui, plus éloquent & plus fourbe, fit de Pompée ſon gendre, ſon appui & ſa dupe; obtint par ſon crédit le Consulat & le département des Gaules, y versa le sang d'un million d'hommes pour former ses soldats à répandre celui des concitoyens, les chercha en Italie, les poursuivit en Gréce, en Afrique, en Espagne, les ramena vaincus à Rome, leur pardonna par dédain, & les avilit par politique.

Non content d'avoir fait ses esclaves des Sénateurs, il fit Sénateurs des fils d'esclaves; il rendit le Consulat presque ridicule; il affligea par le cens qu'il fit, qu'on trouva diminué depuis le dernier de cent soixante & dix mille citoyens. (*) Non content d'être tout puissant, il voulut que sa Patrie même signât sa honte, en lui conférant le titre de Roi. Brutus immola celui qu'on ne pouvoit ni juger, ni vaincre.

(*) La guerre d'Annibal n'en avoit pas plus coûté.

Antoine Lieutenant de César lui succéde; Cicéron toujours droit, mais foible, éleve Octave qu'il falloit perdre; bientôt ces deux brigands se réunissent avec Lépide pour tout accabler. On lit avec horreur que trois cens Sénateurs & deux mille Chevaliers furent massacrés dans les proscriptions, que Lépide proscrivit son frere, Antoine son oncle, que le petit fils de César consentit à l'assassinat de Toranius qui avoit été son tuteur, & de Cicéron qui l'appelloit son Pere; qu'ils ordonnèrent tous trois qu'on se réjouît des homicides; jamais siécle barbare n'enfanta de telles fureurs. Quelques indignes flateurs remarquèrent que tous les meurtriers de César périrent de mort violente; hé quel homme de bien eût échapé au glaive des oppresseurs?

Mais suivons le fil de leurs attentats. Ils combattent deux fois à Philippes les vengeurs de la liberté; Caſſius & Brutus ſe tuent après leur défaite; Antoine rançonne l'Aſie, Octave chaſſe de Crémone ſes habitans pour récompenſer ſes ſoldats. Peu après le reſte du parti Républicain périt avec le jeune Pompée, Antoine s'abîme dans la crapule avec ſa concubine Cléopâtre; bientôt les deux Triumvirs trop reſſerrés, l'un dans l'Aſie, l'autre dans l'Europe, ſe déclarent auſſi la guerre; le ſang des citoyens coule de nouveau, & Agrippa met aux pieds d'Octave l'Empire du monde Romain.

Je ſomme à préſent Mr. de Voltaire de juſtifier tant de calamités & de crimes, où j'en tire contre lui cette conſéquence accablante & inévitable, que la politeſſe, les arts & les ſciences n'empêchent point les hommes d'être très-méchans, que ce fut le luxe, qui irritant toutes les cupidités de l'eſprit & du cœur, mit les couteaux aux mains des Romains, livra l'Univers au pillage, ensevelit la Patrie & jetta dans un honteux esclavage la Reine & l'exemple du monde. Ici on nous parlera du beau Gouvernement du tyran surnommé si lâchement Auguste, comme le dit M. de Voltaire lui-même; mais je demanderai de nouveau, quel bien fit Auguste? On ne manquera pas d'attester la paix rétablie, les lettres protégées, les savans pensionnés; je répondrai avec Montesquieu, que cet ordre ramené n'étoit qu'une servitude durable, que les bons Princes pensionnent, non des louangeurs & des parasites, mais des citoyens intégres & pauvres; qu'ils font refleurir, non les sciences, mais les vertus; qu'Auguste au-contraire éluda tous les projets de réforme que lui présenta le Sénat, qu'il donna à sa famille l'exemple de tous les déréglemens auxquels elle se livra, & qu'il ne ſçut ni prévenir ni réprimer; qu'il entraîna les Grands dans des dépenſes folles pour reſſerrer leur dépendance; qu'il paſſa ſon regne dans les petiteſſes de l'hypocriſie, feignant de vouloir abdiquer ce qu'il brûloit de conſerver; qu'Agrippa ignorant & brave opina pour la République, tandis que Mécéne poli, ſavant & voluptueux, conſeilla la Monarchie; je remarquerai que les Ecrivains ne dirent plus que de jolies choſes, que ceux qui commandoient ſous les Princes n'en oſèrent plus faire de grandes, que toutes les ames baiſſèrent, & qu'enfin Auguſte ligua Tibere à l'Etat pour les écraſer.

Troiſiéme Siécle.

Le XVI. ſiécle, le troiſiéme des favoris de M. de Voltaire fut celui de Guichardin, de Machiavel, de l'Arioſte, du Taſſe & de Galilée

Galilée, la peinture, la sculpture, la gravure, furent portées à leur perfection; (*) dix Papes de suite contribuèrent à élever cette fameuse Eglise de Saint Pierre, l'une des merveilles de l'Univers. Voilà sans doute de bien grandes choses, & il est impossible de ne pas s'extasier à la vûe de tant de gloire & d'habileté! Osons pourtant, examiner de plus près; nous n'avons déja que trop pû trouver que la culture des beaux arts a souvent pour compagnes la dépravation des mœurs, la misère des Peuples & leur asservissement; je tremble, toutes les fois que j'entends prôner un siécle pour ses connoissances & ses vanités; il me semble voir pulluler nos besoins,

(*) De bonne foi, n'est-ce pas la preuve d'une grande pauvreté de vrai mérite dans un Peuple, d'être obligé pour le louer de recourir à de pareilles misères? Eh! dites-nous s'il avoit de la droiture, de l'humanité, des mœurs, si l'on aimoit la Patrie? Voilà la noblesse réelle, tout le reste n'est que fumée.

nos Tyrans & nos infortunes ; voyons ſi le XVIme. a fait exception.

Le Pape Léon X l'ouvre ; ſon introniſation coute cent mille écus d'or ; dépenſe inſenſée dans quelque Prince que ce ſoit, mais odieuſe ſur-tout dans un Prêtre, qui ſe dit le Vicaire de Jéſus-Chriſt.

Le luxe & la magnificence de la Cour Papale répondent à ce prélude ; on y joue les Comédies laſcives de Machiavel & de l'Arioſte ; dans tout le reſte de l'Europe les Prélats imitent leur Chef ; les arts & la corruption s'étendent ; les Peuples déja foulés par leurs Princes, ſont encore extorſionnés par leurs Prêtres (*) ; un cri de douleur ſe fait

(*) On me dira peut-être que ces pilleries avoient lieu depuis longtems. A la bonne heure ; depuis longtems la plupart des Evêques ne valoient rien. Mais ce Pontife qui rallumoit le flambeau des Sciences, eût bien dû rallumer un peu de vertu. Il donnoit l'exemple du vice.

entendre de presque toutes les Parties de la Chrétienté.

Dans cette misère générale, Léon X épuisé par ses plaisirs & ses profusions, veut continuer la Basilique que Jules II son prédécesseur avoit commencée; il vend le pardon de tous les crimes, & même la permission d'en commettre; l'orage creva; & il ne faut pas dire que sans Luther la révolution n'eût pas eu lieu; Zwingle la commença & la fit en Suisse sans le consulter & peut-être sans le connoître; la rapidité de leurs progrès montra la disposition des esprits.

Remarquez ici que ce furent Fréderic le sage, les Suédois, les Danois & les Suisses, Nations ignorantes, pauvres & vertueuses qui reçurent la Réformation. L'Italie savante & dépravée (*) la rejetta; la France, où son

(*) Machiavel dit que de son tems les Italiens étoient excessivement méchans.

goût & ſon luxe avoient pénétré, ne l'embraſſa qu'en peu d'endroits.

On ſimplifia la Religion; on ne voulut plus acheter le droit d'être méchant; on abolit la ſimonie; on ne prêcha que la parole de Dieu; tout cela eſt bien glorieux ſans doute, mais n'empêche pas M. de Voltaire de regarder la Réformation comme un mal, parce qu'elle en produiſit beaucoup; comme ſi l'on n'étoit pas obligé d'abolir à tout prix des abus crians reconnus pour tels, comme ſi les Proteſtans avoient pû prévoir à quelles fureurs ſe porteroient leurs anciens freres; que les Papes attiſeroient l'incendie, & mettroient tout en œuvre pour exterminer ceux ſur qui ils ne régnoient plus.

Marie en Angleterre, Charles V. en Allemagne, François I. en France, allument la perſécution & la guerre contre leurs ſujets ou leurs voiſins Réformés; huit cent perſonnes ſont condamnées aux flammes par la digne fille de Henri VIII. Les Vaudois ſont égorgés & leur pays réduit en cendres avec la permiſſion du Roi Très-Chrétien; l'Empereur dépouille les Proteſtans dans l'Empire; tant de cruautés & de violences inſpirées par la Religion, n'étoient-elles pas une raiſon de plus pour la faire abhorrer?

On croiroit peut-être que ce furent-là des éclats du zèle ignorant des Peuples, qui ne tarda pas à ſe ralentir; mais ce n'en étoient que les étincelles; la Cour Romaine toujours lettrée & polie n'abandonna pas une heure ſon plan de tout détruire, ou de tout aſſervir. Les fureurs exercées dans les Pays-Bas par ce Général Inquiſiteur le Duc d'Albe, la Saint-Barthélemi, les extorſions du ſecond Ferdinand, l'oppreſſion de la Hongrie & de la Bohême, le massacre des Protestans en Irlande, la conspiration des poudres, les efforts employés à diverses fois pour exciter une guerre civile entre les Cantons Réformés & les Catholiques, enfin les persécutions affreuses de Louis XIV, voilà les effroyables preuves achetées, de notre sang, qui démontrent sans réplique la nécessité où se trouvoient nos ancêtres de renier un Pere barbare, qui leur mettoit le couteau à la main contre leurs freres, & d'abjurer une Religion, qu'on devroit plutôt appeller une conjuration continuelle contre les tristes humains. L'inquisition subsiste encore.

Cependant la Révolution a fait encore plus de bien à l'Europe que le Papisme ne lui avoit fait de maux ; on réforma les mœurs avec la doctrine, & l'on força par-là l'Eglise Romaine elle-même à corriger bien des abus ; on ferma les sépulcres où s'ensévelissoit l'espèce toute vivante; on intimida la persécution, en donnant aux persécutés des refuges; enfin les Pontifes mêmes ont été obligés de laisser dormir leurs prétentions chimériques; les Peuples & les Princes ont été à couvert des foudres du Vatican, & il est vraisemblable que le tems portera les derniers coups à cet énorme Colosse, qui avoit failli de tout écraser. Un grand (*) Archevêque a déjà osé affirmer dans un écrit, qu'on n'est pas tuable pour être hérétique, & qu'il est toujours beau d'aimer un homme de bien, fût-il Huguenot. Voilà un Pere de l'Eglise; il n'aura pas besoin de cent mille écus pour se faire canoniser dans l'esprit des sages.

Mais c'est assez parler de Religion, passons au Politique. Comme mon but principal est

(*) L'Archevêque de Soissons *Fitzjames.*

de chercher le bien ou le mal que les lettres ont fait dans ce siécle, je suivrai particuliérement le sort de l'Italie où elles fleurirent, & de François I. qui les protégea.

A peine celui-ci est-il monté sur le trône, qu'il pense à reconquerir le Milanez perdu par Louis XII. Il y a longtems que les Princes ne regardent guère leurs sujets que comme une monnoye pour en croître le nombre; le Poëte, le savant chantent ces victoires, le citoyen, le sage les pleurent, ils disent que ce n'est pas leur faire du bien que de faire du mal à leurs ennemis, ou plutôt qu'ils n'en ont point d'autres que ceux qui les extorsionnent & les accablent de tributs.

Dès l'an 1515 Gênes se remet sous la puissance de la France; une République petite & Aristocratique doit nécessairement être foible; le citoyen qui commande est obligé d'abâtardir ſans ceſſe le citoyen qui obéit, pour lui faire ſouffrir la domination ; il n'appartient qu'à la Démocratie de doubler le nombre des défenſeurs en doublant leur courage, de renverſer les ſoldats ſous le fer des hommes, & de dévouer victorieuſement cent mille eſclaves à la mort au nom de la liberté & de la Patrie.

Le Roi de France pénétre dans l'Italie, jonche les campagnes de Marignan de dix mille Suiſſes, & prend tout le Milanez. A un autre bout du Royaume il reprend auſſi la Navarre ; mais Charles V parvenu à l'Empire, lui arrache bientôt l'une & l'autre conquête ; une guerre ruïneuſe eſt le fruit de tous ſes ſuccès.

François I. appauvri par ſes divertiſſemens & ſes fêtes, vend pour la ſoutenir les charges de judicature, aliéne ſon domaine, & hauſſe les impôts & les tailles ; malgré ces efforts

Toulon eſt pris, Marſeille aſſiégée, & le Royaume au bord du précipice. François délivre Marſeille, s'enfonce encore dans l'Italie, perd une grande bataille à Pavie, & reſte priſonnier avec ſa première Nobleſſe. Il ſe rachete en donnant la Bourgogne, qu'il ne conſerve que par un parjure & deux millions d'écus; la France paye encore cette ſomme pour la rançon des deux fils du Roi priſonniers à ſa place.

Rome eſt auſſi malheureuſe qu'elle. Clément VII s'étoit uni à François I. Le vainqueur de ce dernier Charles de Bourbon vole à Rome avec ſon armée; il avoit à prendre une ville défendue par des Prêtres, des Architectes, des Muſiciens & des Peintres; il l'eſcalade, elle eſt emportée & pillée. Ce beau renouvellement du ſiécle d'Auguſte vit renaître celui d'Attila.

Je pafferai le détail du refte du regne de François I, fes nouveaux efforts fur le Milanez abandonné par deux Traités, fes alliances avec Soliman & Barberouffe, la captivité de plufieurs milliers de Chrétiens qu'il fait tomber dans les fers de ce dernier fur les côtes d'Italie, fes perfécutions (*) contre fes Sujets Réformés, le faccagement de la Savoye, les ravages que fait tout-à-la-fois Charles V. dans la Provence, la Champagne & la Picardie, la prife de Bologne par les Anglois, 800000 écus qu'il leur donne pour arrêter leurs conquêtes, fa mort enfin, qui laiffe, comme dit très-bien Mr. de Voltaire une difcorde trop durable, non pas entre la France & l'Allema-

(*) Ruchat rapporte que les Bavarois ayant intercédé auprès de lui pour quelques Proteftans, il leur répondit fièrement, que ni leurs prières, ni celles de qui que ce fût, ne l'empêcheroient jamais d'exterminer les hérétiques de fon Royaume. *Voyez Hift. de la Ref. de la Suiffe. T. 5. p. 25.*

gne, mais entre la maiſon de France & celle d'Autriche. Il me ſuffit d'être autoriſé par tous ces faits à ſoutenir que les arts & les ſciences ne rendent point les Princes plus modérés & plus ſages, ne leur inſpirent point l'amour de leurs Peuples, ne les guériſſent point de la féroce paſſion des conquêtes; que cette habileté & cette ſupériorité de génie qu'eurent les Italiens du XVI. ſiécle ſur le reſte des Européens, ne les empêcha point d'être pillés, ravagés, bataillés tour-à-tour par les Etrangers, menés même en eſclavage, & que des talens qui laiſſent expoſés à de tels malheurs, méritent cent fois plus de colère que d'admiration. Puiſqu'il y a des méchans ſur la terre, il faut avoir des vertus & du courage pour leur réſiſter, il y a tel petit Canton Suiſſe qui eût mieux défendu l'Italie que ne le firent tous les Italiens enſemble; mais ce courage & ces vertus ne s'acquièrent ni dans la pouſſière de l'Académie, ni dans l'Attelier d'un Lyſippe.

Je paſſe à un autre ouvrage de la culture des ſciences, la découverte des deux Indes, qui produiſit de nouveaux crimes & de nouvelles miſères.

Gama Portugais double au commencement du ſiécle le Cap de Bonne Eſpérance, arrive aux Indes Orientales, attaque avec le fameux d'Albuquerque les Rois de Siam, de Calicut, de Perſe, d'Egypte & d'Ormus; légitime, s'il ſe pouvoit, ſes uſurpations par ſes victoires, s'empare de Malaca, de Goa, d'Ormus, d'Aden, & des Moluques, & y établit un commerce lucratif entre l'Occident & l'Orient. L'invention de la Bouſſole avoit préparé ces ſuccès.

A l'autre bout du monde, les Eſpagnols découvroient, conquéroient & maſſacroient dans l'Amérique ; la perfection de la marine, & l'invention de la poudre à canon les mirent en état d'égorger impunément dans moins de cinquante années douze millions de ses habitans; cruautés si horribles qu'elles eussent dû nous faire abhorrer jusqu'aux productions de ces pays achetés par tant de sang.

Voilà les maux qu'attira au Nouveau monde l'étude de la Physique ; notre Continent souffrit davantage ; jusqu'alors les Européens ne s'étoient disputé que l'Europe, ils se disputèrent alors les trois autres parties du Globe ; l'heureuse navigation des Colombs & des Gama ne fit qu'étendre le théâtre de nos guerres, & nous creuser par-tout des tombeaux. Il faut voir dans Mr. de Voltaire même les maux effroyables que l'or du Pérou mit Philippe II. en état de faire à toute l'Europe, les projets de la flotte invincible, l'invasion du

Portugal, la tyrannie ſe ſurpaſſant elle-même dans les Pays-Bas, la France déſolée & preſque aſſervie. Le poiſon Indien qui trancha les jours de François I. & ravagea tant de grandes familles en Europe, fut un deſtructif paſſager; les tréſors du Potoſe répandus bientôt dans tous les Royaumes, furent une peſte continuelle, qui fournit à tous les Princes les moyens de lever de grandes armées, c'eſt-à-dire, de doubler le nombre des deſtructeurs & des malheureux, en diminuant celui des laboureurs & des citoyens. Charles-Quint licencioit ſes armées après la paix; Maître de l'Eſpagne, des Pays-Bas, du Milanez, de la Bourgogne, de l'Autriche, ligué avec une partie de l'Empire, il ne put aſſiéger Metz qu'avec cinquante mille hommes; Louis XIV. Maître de la France ſeule a dans ſes guerres juſques à quatre cens mille hommes ſur pied

& deux cens mille en tems de paix; ſes ennemis furent obligés de faire les mêmes efforts, la dépopulation fut immenſe, & l'Amérique vengée par elle-même.

Le Lecteur eſt harraſſé, je le ſens, de tant d'infortunes & de miſères, qui ſemblent aller toujours en croiſſant, il eſt tems de le délaſſer un peu par les deux révolutions qui illuſtrèrent, l'une le commencement, l'autre la fin du XVI. ſiécle, le détrônement de Chriſtiern & la naiſſance de la liberté des Provinces-Unies. J'abrégerai.

Jean, Roi de Dannemark avoit envahi la Suéde & la Norvege; il laiſſa à l'entrée du ſiécle ces trois Couronnes à ſon fils Chriſtiern II. Ce Prince étoit un monſtre de cruauté; il fit la guerre aux reſtes du parti Suédois, qui ne vouloient point de lui pour Roi; il eſt vainqueur; il maſſacre dans une fête le Sénat en-

tier,

tier, & un grand nombre de citoyens; il tyrannise le Dannemark, il se fait par-tout détester; enfin les Dalécarliens lui arrachent la Suède, les Danois le déposent, il meurt en prison.

Les Rois d'Espagne étoient plutôt Seigneurs Suzerains que Maîtres des Pays-Bas; Philippe II, surnommé à si juste titre le Démon du midi, veut être absolu; il hausse exorbitamment les impôts, établit l'Inquisition, abrege toutes les Loix, un cri de plainte universel annonce la révolte prête à éclater, le Duc d'Albe vient l'étouffer avec des soldats & des bourreaux; la mine crève, le Stadhouder Guillaume se déclare, les VII Provinces s'unissent, des Harengeurs deviennent héros en devenant Républicains; la liberté s'affermit pendant soixante ans de guerres; le Roi d'Espagne même est obligé de la signer à Munster. Voilà la gloire du XVI. ſiécle, mais les ſciences n'y ont rien à prétendre, les Danois, les Suédois & les Bataves étoient ignorans.

Quatrième Siécle.

S'il n'y a pas dans la Société de Claſſe plus inutile que celle des gens de Lettres, il n'en eſt point non plus qui égale ſa reconnoiſſance pour ſes bienfaiteurs.

Ce ſentiment ſeroit reſpectable, s'ils ne le portoient à l'excès; mais il les aveugle à tel point, qu'ils élévent au Ciel tout ami des Muſes, eut-il été un ennemi cruel de l'humanité.

Le malheur ne ſeroit pas grand, s'ils ne faiſoient par-là que déſhonorer leur judiciaire, mais à force de clameurs, d'encens & de belles phraſes, ils parviennent trop ſouvent à tourner la tête du public même, & à lui faire ſtupidement admirer la cauſe de ſes vices & de ſes miſères.

C'eſt ainſi qu'ils ont exalté le déprédateur Périclès, le Tyran Octave, les Médicis oppreſſeurs de Florence, le faſtueux Léon X, plus digne d'être à la tête d'une Académie de Muſiciens ou de Peintres, que de gouverner l'Egliſe; c'eſt ainſi qu'ils ont célébré Louis XIV.

Ce n'eſt pas que ce Prince n'ait eu de belles parties, ſa grande ame étoit faite pour goûter le vrai, & il l'apperçut à la fin de ſa vie, enſorte que ſi les ſavans avoient mis à l'éclairer la moitié de la peine qu'ils ont priſe à l'enyvrer, je ne doute point qu'il n'eût mérité l'admiration de l'Europe & les regrets de ſon pays.

Mais pour être digne du ſurnom de Grand, il faut avoir plus fait que penſionné des Poëtes, & fondé des Académies: Henri IV. ne l'eût point reçu, ſi de la même main qui gagnoit des batailles, il n'avoit essuyé les larmes de ses sujets: Tite n'eut point été appellé les délices du genre humain, s'il n'eût joint à la valeur héroïque qui renversa Jérusalem, l'humanité qui lui fit tout tenter pour la sauver de sa ruïne, & s'il ne se fût reproché la perte d'un jour.

En effet, le bien général étant le but que se proposent Dieu & les hommes, en accordant à un autre homme des talens & un pouvoir supérieurs, les seuls titres qu'il puisse avoir à la vénération des siécles, sont ses efforts pour le remplir; s'il s'en éloigne, il se montre par-là même indigne du beau dépôt qu'il a reçu, & ne mérite que le mépris.

Il pourra bien, je l'avoue, jouer le premier rôle parmi ses contemporains, & transmettre même son nom à la postérité, César, ainsi qu'Aristide, y est parvenu, mais tandis que le ſecond imprime encore le reſpect à tout ami de la juſtice, l'autre n'eſt qu'un traître à leurs yeux.

Peuples, ceſſez donc d'en croire vos prétendus Précepteurs; ce feroit mériter en quelque manière vos maux que d'en célébrer les Auteurs, ce feroit inviter d'autres Princes à rechercher vos ſuffrages par les mêmes voies; de combien de Pyrrhus & de Charles XII. les applaudiſſemens donnés à Alexandre ont-ils été la ſemence?

Guidé par ces principes, je cherche dans le regne de Louis XIV. ſur quoi fonder la haute eſtime qu'en fait Mr. de Voltaire. Hélas! peu s'en faut que l'horreur ne prenne la place de l'admiration qu'il nous voudroit inſpirer.

Je ne détaillerai point des événemens ſi connus, on peut les lire dans Mr. de Voltaire même, j'en ferai le Commentateur. Et premièrement que penſerons-nous des guerres de Louis XIV? On en compte quatre (*), qui entr'elles durèrent trente trois ans, & étendirent leurs flammes aux quatre parties du monde; ſi elles furent juſtes, il étoit à plaindre, s'il put les prévenir, il fut bien coupable.

Dans la première, il profita de la mort de Philippe IV. Roi d'Eſpagne pour envahir la Franche-Comté & la Flandre, mais en épouſant Marie Théréſe, il avoit ſolemnellement renoncé à tous les Etats de ſon Beau-Pere; eſt-on donc diſpenſé de tenir ſa parole aux morts?

La Hollande effrayée de ſes ſuccès négocie

(*) La 1ere. commença en 1667, & finit l'année ſuivante par la paix d'Aix la Chapelle; la 2e. dura 7 ans, depuis l'an 1672 juſqu'à la paix de Nimègue en 1678, la 3e. embraſſa dix ans depuis 1688 juſqu'au traité de Riswik en 1697, la 4e. enfin qui commença l'an 1701. ne finit qu'en 1714 par les Traités d'Utrecht & de Radſtat.

pour les arrêter, Louis XIV pose les armes, mais résolu à les reprendre bientôt pour l'écraser elle-même, & telle fut la cause de la seconde de ses guerres.

Au milieu de la paix il conquiert encore & par des arrêts ; les Chambres de Metz & de Brisach succèdent aux Condé & aux Turenne ; ses ennemis harcelés renouvellent leurs ligues, la mer & la terre se teignent de sang, Louis XIV triomphe souvent encore, mais ses adversaires plus irrités qu'abattus par leurs défaites, lui font acheter si cher ses conquêtes qu'il est forcé de les rendre pour avoir la paix.

Enfin Charles II meurt, Louis qui pouvoit se couvrir de gloire, en sacrifiant sa famille à l'Europe & à ses sujets, lui sacrifia de nouveau la bonne foi & ses Peuples ; en observant le traité de partage il eut affermi sa couronne; en le violant, il donna à la vérité un trône à son petit-fils, mais il chancela sur le sien.

S'il s'y maintint à la fin, ce ne fut néanmoins qu'en en sappant les fondemens; quatre cens mille hommes entretenus pendant la guerre, & deux cens mille en temps de paix joints à la rigueur (*) des impôts établis pour les soudoyer, causèrent dans la France une telle dépopulation, que l'acquisition de la Flandre, de l'Alsace & de la Franche Comté n'en fit pas la balance. (†)

(*) „ J'ai vû, dit l'Abbé de St. Pierre, quatre „ famines en France en soixante quatre ans, & „ chacune a couté à l'Etat plus de deux cens milles „ personnes d'extraordinaire l'une portant l'autre:" Croit on que cela fut arrivé, si Louis XIV. avoit eu 300000 soldats de moins, & 300000 laboureurs de plus? Mais il nourrissoit ceux que la nature avoit destinés à nourrir les autres.

(†) Quand elle l'eut faite par rapport au nombre des habitans, il resteroit à compenser l'augmentation de la circonférence du Royaume, car

On n'en fera pas étonné, fi l'on réfléchit à ce qu'ont fouvent dit les gens du métier, que fans batailles ni fiéges une armée diminue toujours d'un cinquième dans une campagne; cela feul fait pour les deux guerres de 1688 & de 1701. une perte de près de deux millions d'hommes: que fera-ce donc, fi l'on y ajoute celles de vingt quatre batailles livrées dans cet efpace de temps en Europe par les François?

Attaqués par d'effroyables armées, les ennemis de Louis XIV furent obligés de faire les mêmes efforts, & de ruïner leur pays pour le conferver; nouvelle raifon de donner fon nom à fon fiécle, il fut la première caufe de la plupart des maux qu'il fouffrit.

Si du moins ces guerres auffi étendues

étendre l'enceinte d'une place fans en groffir la garnifon, c'eft réellement l'affoiblir.

qu'injuſtes, avoient été faites avec quelque modération! mais qui eſt une fois entré dans la carrière de l'ambition, aime mieux tout perdre que d'en ſortir avec honte, & être barbare que vaincu. O Bodegrave! ô Swammerdam ſaccagés! O campagnes, ô villes fumantes du Palatinat deux fois embraſé! Que des Poëtes de menſonges, que de mercénaires Lettrés chantent celui qui fit vos malheurs, vos cendres & vos maſures proteſtent contr'eux, & flétriſſent les panégyriſtes, en même temps que le Héros.

Et toi, *brave Turenne*, à qui le ſang de tes ſoldats fut ſi cher, qu'ils t'en donnèrent eux-mêmes le nom de leur Pere, pourquoi ne ſerois-tu pas auſſi celui des vaincus? Les reſſources de ton art ſont-elles ſi épuiſées, que tu ne puiſſes ſauver ta Patrie, ſans la mettre en déteſtation? Auras-tu plus de pitié pour des hommes, qui donnent du moins la mort en la recevant, & la reçoivent ſouvent ſans la ſentir, que pour des femmes tremblantes, & des enfans au berceau? Demande, attends de nouveaux ordres, montre l'horreur, le danger de ceux que tu as reçus : mais Turenne n'eſt que Général, il oſe déſobéïr à Louvois pour gagner des batailles, & il n'oſe le faire pour ſauver tout un pays.

Ambitieux & ſuperbe avec les Puiſſans Voiſins qui l'entourent, Louis fut peut-être le bienfaiteur & l'appui des petits Etats qu'il ne pouvoit craindre : non, la même hauteur avec laquelle il menaça l'Eſpagne de la guerre pour l'affaire de la préſéance, & voulut enſuite écraſer les Hollandois pour une médaille, il la déploya dans toute l'Europe, & mit toujours ſa grandeur à faire ſentir aux autres qu'ils étoient petits.

Les gens du Duc de Créqui ſon Ambaſſadeur à Rome attaquent & diſperſent quelques Corſes de la garde d'Alexandre VII, tout le Corps irrité vient aſſiéger l'hôtel de l'Ambaſſadeur, tire ſur le caroſſe de l'Ambaſſadrice, tue un page, en bleſſe d'autres; le Pape fait pendre deux des plus coupables, & bannit le Gouverneur de la ville ſoupçonné de l'être; Henri IV eut probablement été content, Louis XIV ne le fut pas, il fait ſaiſir Avignon, & menace d'envoyer à Rome une armée, il faut pour l'appaiſer qu'un Cardinal paſſe les Alpes, & vienne lui demander pardon, que l'on caſſe la garde Corſe, & que l'on éléve au milieu de Rome une pyramide qui apprît l'injure & la réparation : un fils oblige-t-il ſon Pere à ériger de tels monumens? Diſons pourtant que celui-là ne ſubſiſta que cinq ans.

Il ſuivit le même eſprit dans l'affaire des franchiſes : les Ambaſſadeurs ayant chacun à Rome un quartier où la Juſtice ne pouvoit pourſuivre perſonne, la moitié de la ville ſervoit d'aſyle aux crimes qui ſe commettoient dans l'autre ; & l'on comprend bien qu'avec tant de reſſources pour l'impunité, il s'en commettoit beaucoup ; vû la gravité de l'abus, Innocent XI prie tous les Princes de ſe déſiſter d'un droit ſi funeſte, tous y conſentent, Louis ſeul refuſe, parce, dit-il, que la conduite des autres ne faiſoit pas loi pour lui ; mais quand on ne veut pas ſuivre les bons exemples, il faut les donner ? 1687.

Trois ans auparavant, ayant appris que Gênes avoit vendu aux Algériens des munitions, & conſtruiſoit quatre galères pour l'Eſpagne ſa protectrice, il lui fit défendre de les lancer à l'eau ; Gênes indignée, & comptant 1684.

trop ſur l'indolent Charles II, déſobéit. Du Quêne part auſſitôt de Toulon ſuivi de cinquante voiles, mouille devant Gênes, y jette quatorze mille bombes, débarque quatre mille hommes, & brule un faux-bourg; il falut plier, le Doge & quatre Sénateurs vinrent à Verſailles demander pardon de s'être crus libres.

S'il y avoit de la dureté dans cette conduite, il me ſemble y voir auſſi de la petiteſſe; un Prince qui avoit dans ſes ports cent vaiſſeaux de ligne, & qui diſputoit l'empire des mers à la Hollande & à l'Angleterre, devoit-il s'appercevoir de la conſtruction de quatre galères?

Mr. de Voltaire célébre beaucoup la protection que Louis XIV. accorda à Jaques II, & ſes efforts réïtérés pour le rétablir, j'avoue que je ne puis lui en tenir compte; premièrement il fut une des causes de sa chûte, Jaques instruit par le malheur de son Pere, & d'un caractère qui tiroit peu sur le Héros, eut certainement moins osé, s'il n'eût écouté ses conseils, & trop compté sur son appui; il étoit donc juste qu'il tâchât de réparer un malheur auquel il avoit tant de part: d'ailleurs, en soutenant Jaques, il défendoit sa propre cause, son Allié rétabli non seulement l'eût soulagé de tout le poids que l'Angleterre mettoit dans la balance, il l'eût encore aidé à forger les fers de l'Europe, dût-il en être lui-même accablé: enfin il n'est rien moins que prouvé que Louis XIV fut en droit de donner aux Anglois un Roi malgré eux, & de leur ôter celui qu'ils avoient choisi, parce qu'il les avoit délivrés; il ne sera jamais beau d'aider un seul homme pour le malheur de huit millions.

Enfin Louis XIV fut-il au moins le Pere de ses sujets? Peut-on l'être, quand on se rend le fléau de ses voisins? Examinons cependant, si les raisons pour la négative s'offrent en foule, il en est aussi pour l'affirmative, pesons-les ensemble, & tachons que ce soit dans la balance de l'équité.

Il fit fleurir le commerce, il l'étendit, cela est vrai & louable; le malheur est qu'à la fin de son règne il lui fit plus de mal par ses guerres, que ses premières années ne lui avoient fait de bien, & l'Ami des hommes a prouvé combien il restoit encore à ajouter à ses réglemens. Il créa la marine: au bout de quinze ans une (*) bataille l'anéantit, & les trésors que coutèrent Versailles, Trianon, Marly, l'empêchèrent de la rétablir.

(*) *La bataille de la Hogue l'an 1692.*

Il abolit les duels: vaine jactance, il rendit la vigueur aux loix portées contr'eux, mais ne détruisit point les affreux préjugés qui les produisoient, & qui en produisent encore.

Il récompensa & honora les gens de Lettres: oui, ceux qui le flatoient, ou qui pouvoient le flater, Fénélon qui osa dire la vérité, fut relegué, Racine pensionné pour ses Tragédies, ayant essayé de plaider la cause des Peuples, fut disgracié.

Il rendit son siécle celui du goût & des arts: c'est-à-dire que non seulement il épuisa son Peuple par les impôts excessifs dont il le chargea, mais qu'encore il lui donna mille besoins chimériques, & l'efféminа par mille moyens: „ le Seigneur faisoit en petit ce que „ le Roi faisoit en grand, les Princes se conso„ loient de la perte de leur pouvoir en acqué„ rant l'empire des modes, le pauvre imitoit

„ le riche, le Clergé n'employoit qu'aux be-
„ soins de la vanité les richesses destinées à
„ soulager le pauvre." *Mém. de Maint. T.* 3.
p. 18.

Mr. de la Beaumelle n'est pas le seul qui ait apprécié en sage ces vains progrès des beaux arts dont on nous fait tant de bruit: „ La „ Peinture, dit (*) le vertueux Abbé de St. „ Pierre, la Sculpture, la Musique, la Co- „ médie, l'Architecture prouvent les richesses „ présentes d'une Nation, elles ne prouvent „ pas l'augmentation & la durée de son bon- „ heur, elles prouvent le nombre des fai- „ néans, & leur goût pour la fainéantise, qui „ sufit à entretenir d'autres especes de fai- „ néans: qu'est-ce présentement que la Na- „ tion Italienne, où ces arts sont portés à

(*) *Ann. Polit. T. I. p.* 155. *Voyez aussi depuis la p.* 53. *à la* 68.

„ une haute perfection? Ils ſont gueux, pa-
„ reſſeux, vains, poltrons, occupés de niai-
„ ſeries. Ne voilà-t-il pas un Peuple bien
„ annobli"?

Il fonda les Invalides & St. Cyr: beaux établiſſemens ſans doute: n'eut-il pas pourtant mieux valu ne point faire d'Invalides, que de donner une retraite à la dixième partie d'entr'eux? n'eut-il pas mieux valu ne point appauvrir ſa Nobleſſe, que d'en élever la centième partie?

Il brida le pouvoir des Papes, & les contint dans le reſpect; ou plutôt il les inſulta d'abord, les brava enſuite, & finit par permettre que les Evêques, qui en 1682 avoient ſoutenu l'indépendance de ſa Couronne, ſe rétractaſſent ſept ans après: il extirpa l'héréſie: c'eſt-à-dire qu'il commit un parjure criant envers la quatrième partie de ſes ſujets, dont les

Peres avoient élevé ſon Ayeul au trône, qui l'y avoient maintenu lui-même, & de qui, de ſon propre aveu, il ne craignoit rien.

Hélas! Que ne ſe borna-t-il à leur manquer de parole, à faire abattre leurs Temples, à diſperſer leurs Paſteurs? Falloit-il encore les forcer à abjurer leur foi, à trahir leur conſcience & leur Dieu? O vanité! O néant de la politeſſe & de l'humanité que les Lettres & les Arts inſpirent! La poſtérité ſaura que dans ce même ſiécle qui les porta à leur perfection, de barbares Dragons, des ſoldats féroces inondèrent ſept à huit Provinces, arrachèrent les enfans du ſein de leurs Peres, en égorgèrent pluſieurs dans les bras tremblans de leurs Meres, allèrent à la chaſſe des fugitifs, jettèrent les uns dans des cachots, conduiſirent les autres aux galères, trainèrent ſur la claye ceux qui oſoient redevenir libres en mourant, firent périr fur les gibets, ou torturèrent fur les roues les Miniftres qui n'avoient pû fe réfoudre à abandonner leurs troupeaux défolés.

Si du moins les gens de lettres avoient reclamé contre ces horreurs, s'ils avoient couvert d'opprobres les perfides qui aveugloient le Monarque, & les fcélérats qui exécutoient fi horriblement fes ordres! Mais non, ils réfervoient leur fiel & leurs injures pour le Sauveur de la Hollande, le Libérateur de l'Angleterre, le Défenfeur de l'Europe, le Refuge des Perfécutés; les lâches recevoient leurs penfions, & au-lieu de les mériter en veillant fur la vertu de leur Bienfaiteur, ils s'attachèrent à l'envi à pallier fes vices, & plus d'une fois à les célébrer: Boffuet même, ce prétendu Pere de l'Eglife, ce rival des Cicérons & des Tites-Lives, ou plûtôt ce

Tartuffe mitré, après avoit tâché d'abuſer les Proteſtans par un livre, fut l'inſtigateur du parjure qui les perdit.

Les gens de lettres furent d'autant moins excuſables qu'ils purent aiſément le prévoir, l'orage gronda longtems avant d'éclater, & la Cour mit pluſieurs années à ſapper l'édifice, avant de l'abattre; aujourd'hui on ôtoit un privilège aux Proteſtans, le lendemain on les privoit d'un autre, un Edit aboliſſoit les Chambres mi-parties, un ſecond les excluoit des emplois, un troiſième fermoit un de leurs Collèges, ou caſſoit une de leurs Académies, le Sceptre s'appeſantiſſoit ſans ceſſe ſur eux, & chaque inſtant voyoit leur ruïne approcher; ſi donc les Savans s'étoient hâtés de plaider la cauſe des opprimés, s'ils avoient montré le danger de les déſeſpérer, ou de les perdre, qui ſait s'ils n'euſſent point fait contrepoids aux déclamations des Prêtres, épargné à la France des milliers de crimes, & conſervé à leur Prince huit cens mille fidèles ſujets? Toujours auroient-ils honoré les Lettres, & ſauvé quelque malheureux (*).

(*) On s'imagine ſouvent que les livres ne font qu'amuſer, cela eſt vrai pour la plupart des lecteurs, cependant les ouvrages vraiment bons, qui reſpirent l'amour de l'humanité & de la vertu, ont ſur le cœur des droits qu'ils ne perdent jamais tout-à-fait, ils garantiſſent l'un du fanatiſme, ils modèrent celui de l'autre; qui oſeroit dire que ceux de l'Abbé de St. Pierre n'ont guéri perſonne de leurs préjugés, & que l'Eſprit des loix n'a fait aucun citoyen? Je ſuis témoin que la lettre de Mr. Rouſſeau ſur la Comedie a éclairé ſur ſes effets une foule de gens à Genève; or ſi des livres iſolés produiſent de bons effets, que feroit-ce, ſi tous les Lettrés écrivoient dans le même eſprit? J'avoue bien qu'on ne doit pas l'eſpérer, & c'eſt préciſément la cauſe de mon mépris pour la plupart d'entr'eux: dira-t-on qu'ils l'ont fait dans ce ſiécle contre la perſécution? Oui, quelques uns d'eux, encore ſous un Roi auſſi doux que Louis XIV l'étoit peu, enſorte qu'ils ont du zèle en raiſon inverſe de ſa néceſſité.

Mais on auroit eu tort de s'attendre de leur part à rien de pareil ; le monde eſt ſinge de ſes Rois, dit le proverbe, & les Savans plus que perſonne, auroit-on pû ajouter. Sous un Prince pacifique, c'eſt la modération qu'ils exaltent, & les Conquérans ont fort mauvais jeu ; en monte-t-il quelqu'un ſur le trône, vous diriez que leur raiſon change de maximes, en même-tems que l'Etat change de Maître, les Princes paiſibles ne ſont plus que des fainéans, & les Guerriers deviennent des Héros ; ainſi ſous un Roi tolérant & ſage, il y a plaiſir à voir avec quelle ſainte indignation ils inveɛtivent contre le faux zèle, & couvrent toutes les playes que le fanatiſme a faites au genre humain ; mais eſt-il remplacé par un Prince ſuperſtitieux & bigot, qui entreprenne ſur les droits de Dieu, c'eſt un Phinées qui les venge, & les tolérans ne ſont plus que des tiédes ; ainsi leur vaine Philosophie toujours vendue à la grandeur, & tremblante devant le pouvoir, ne fait qu'excuser ou vanter les fautes qu'elle auroit dû prévenir.

Comme cette bassesse d'ame de la plupart des Lettrés est aussi ancienne que les Lettres même, on auroit tort d'en être surpris ; mais ce qui est vraiment étonnant, c'est que Mr. de Voltaire, l'éternel fléau des Zélotes de tous les partis, & des persécuteurs de toutes les sectes, s'oublie lui-même au point de chercher à pallier la conduite de son Héros, & celle du Clergé de France : il est vrai qu'il allégue de si mauvaises raisons que j'aurois du penchant à croire qu'il a craint de persuader.

„ Louis XIV, dit-il, (*) nullement instruit „ du fond de la doctrine des Réformés, les „ regardoit, non sans quelque raison, comme

(*) *Essai sur l'hist. Génér. T. 7. p. 62.*

„ d'anciens revoltés ſoumis avec peine.

Premièrement comment ce Prince oſa-t-il juger un ſi grand procès ſans avoir entendu, diſcuté, poſé les raiſons des deux parties? Ce n'eſt pas ainſi que s'eſt conduit Louis XV, quand il a voulu prononcer ſur le ſort des Jéſuites; on leur a demandé un Exemplaire de leur Inſtitut, & on ne les a condamnés que parce que les régles en ont paru contraires à la ſûreté de l'Etat; ſi l'on eût adreſſé aux Proteſtans un pareil ordre, ils y euſſent déféré avec autant de plaiſir qu'il en a couté aux R. R. P. P. & alors quelle n'eût pas été la ſurpriſe de Louis XIV, en voyant que des gens qu'on lui avoit peints ſi odieux, ne croyoient rien qu'il ne crut lui-même, adoroient le même Dieu, le même Sauveur que lui, & faiſoient gloire de ne dépendre, après Dieu, que de lui! Probablement il eût plaint ceux qu'il écrasa, & confondu les traîtres qui surprenoient sa Religion.

Mais il avoit quelque raison de les regarder comme d'anciens revoltés soumis avec peine: quelle raison ? Celle des Despotes, qui crient à la rébellion, quand on ne se livre pas corps & ame à eux : si les Valois avoient dabord accordé aux Protestans cette liberté de conscience, qu'ils n'étoient pas en droit de leur refuser, jamais les Protestans n'eussent pris les armes, ils ne les eussent jamais reprises, si l'on avoit observé les traités faits avec eux; mais enfin tout étoit oublié depuis cinquante ans, les Peres prétendus rebelles avoient été remplacés par des fils soumis, soumis pendant la minorité même, où tant de Catholiques avoient démenti leur fidélité ; ils n'avoient plus ni places de sûreté, ni Grands Seigneurs à leur tête, les victoires de Louis XIV les enthousiasmoient comme le reste de la Nation, & quelle apparence qu'ils pensassent à s'attaquer à un Roi l'effroi de l'Europe! Louis XIV avoit donc raison de dire qu'il ne les redoutoit pas, mais moins ils étoient à craindre, plus ils étoient dignes de sa protection, moins il étoit permis d'abroger un Edit aussi sacré qu'il en puisse être, qui depuis tant d'années étoit sans inconvéniens, & dont la cassation en devoit tant produire.

Mr. de Voltaire n'est pas plus heureux à justifier le Clergé, qui sollicita les arrêts de révocation que le Roi qui les accorda; „ C'é„ toient après tout, dit-il, (*) les enfans de „ la maison qui ne vouloient point de parta„ ge avec des Etrangers introduits par force: quoi! cinq à six cens mille hérétiques s'étoient-ils jettés sur la France, & l'avoient-ils

(*) *Ibid. p.* 65.

ſorcée à les recevoir, comme avoient fait les Normands? Ou les François qui ſe réformèrent, ceſſèrent-ils par-là d'être François? Mr. de Voltaire a évidemment confondu les hommes & leurs opinions.

Mais ſi les Calviniſtes étoient les enfans de la maiſon, auſſi-bien que les Catholiques, s'ils portoient le même nom, s'ils payoient les mêmes impôts, s'ils combattoient ſous les mêmes drapeaux, pourquoi les Evêques ne vouloient-ils point de partage avec eux? N'eſt-ce point qu'ils étoient injuſtes?

Ils l'étoient d'autant plus qu'en refuſant de traiter les Réformés en patriotes, on les empêcha encore d'aller chercher une autre Patrie, les Eſpagnols avoient du moins chaſſé les Maures, les François plus barbares qu'eux, forçoient d'autres François de reſter dans le Royaume pour avoir le plaiſir de les tourmenter.

Enfin plus j'examine ce régne, moins je conçois à quel titre l'humanité devroit s'en glorifier; je n'y vois qu'un Roi faſtueux, dupé par ſes flateurs, trompé par ſes Prêtres, & le fléau de ſes ſujets & de ſes voiſins; j'y vois des villes en cendre, des Provinces ſaccagées, des Républiques aſſervies ou prêtes à l'être, un luxe affreux introduit par-tout; ſi des vers, des tapiſſeries, des glaces, des Obſervatoires balancent tant de déſaſtres, je n'ai plus rien à répondre.

Porte-je enſuite les yeux ſur le reſte de l'Europe? J'y trouve bien de nouveaux griefs contre les Arts & les Sciences, j'y cherche en vain des compenſations.

L'Eſpagne qui les cultivoit à ſa manière, n'en devient pas moins étique par une ſuite auſſi juſte que naturelle des maux qu'elle avoit faits aux deux mondes; elle continue de gémir ſous la Superſtition & le Deſpotiſme, & d'honorer le Dieu de paix par des ſacrifices d'hommes: deux Provinces ſecouent ſon joug, l'une s'érige en Royaume, la Catalogne eſt enfin réduite, mais ſes ſuperbes vainqueurs ne laiſſent pas, à la mort de Charles II, de recevoir tour-à-tour les Rois que la France & l'Europe veulent leur donner, & s'ils conſervent enfin celui qu'ils avoient préféré, ce n'eſt qu'en démembrant leur vaſte Monarchie.

Le Portugal affranchi de la domination Eſpagnole, changea de Maître, plûtôt que de ſort, le fanatiſme, le Monachiſme & l'Inquiſition y maintinrent les courages & les eſprits dans cet abâtardiſſement, dont la révolution ſembloit devoir les tirer, enſorte qu'ils dûrent leur indépendance beaucoup moins à leurs propres forces qu'à l'épuiſement de l'Eſpagne, à l'épée de Schomberg, & à l'appui des Anglois.

L'Italie multiplia ſes Académies ſans diminuer ſes malheurs, & fut tour-à-tour déſolée par les Allemans & par les François: nous avons vû l'humiliation de Gênes, Veniſe perdit Candie, & ſoumit pour un peu de tems la Morée, le Duc de Savoye acquit la Sardaigne & le titre de Roi, mais en deſſéchant ſes Etats, & après avoir failli de perdre ſa Capitale.

L'Autriche toujours altière & cruelle ſe voit prête à ſubir le joug Ottoman, Léopold n'ayant qu'une fille, les Seigneurs Hongrois, qui ne croyoient pas qu'une femme fût digne de leur commander, penſent à donner à l'un d'eux le Sceptre, quand Léopold l'auroit quitté; Vienne s'indigne, & expédie des ordres de ſang, le ſang coule en effet, mais produit la révolte; les Hongrois déſeſpérés ſe jettent dans les bras du Turc, le Viſir Cara Muſtapha

pha s'avance à la tête de 30000 hommes, il arrive sans obstacle aux portes de Vienne, Léopold qui eut dû s'enterrer sous ses ruïnes, s'enfuit lâchement, Sobieski le sauve, & n'est payé que d'ingratitude.

La Cour de Saxe rivale de celle de Louis XIV, fait fleurir le commerce, le goût & les arts, enrichit une partie de ses sujets, en appauvrit une plus grande, les amollit tous: Fréderic Auguste, après avoir sacrifié sa foi au trône de Pologne, lui sacrifie encore l'or & le sang de son Peuple, & n'est pas moins forcé d'en descendre après dix défaites; il y remonte à la fin, mais au préjudice d'un Prince cent fois plus digne du Sceptre que lui.

Le Dannemark aveuglé donne solemnellement à son Roi un brevet de Despote: les Polonois qui conservent leur liberté, continuent de s'en rendre indignes en vendant leur Couronne, en tenant ſous le joug l'infortuné Laboureur, & en forçant les Coſaques à le rompre.

En Suéde, la Reine Chriſtine épriſe d'une belle paſſion pour les ſciences & les arts, renonce héroïquement au Trône pour le plaiſir ſublime d'aller contempler les marbres de la Toſcane, & d'entendre les Orateurs de la France: eſt-ce en effet la peine de régner pour rendre heureux des ignorans? C'étoient pourtant ces ignorans qui venoient de dompter l'orgueil de l'Autriche, & d'aſſurer les libertés de l'Empire.

Ils ſubiſſent eux-mêmes le joug ſous Charles XI & ſon fils; mais ces deux Princes n'ayant pas ſçu briſer le reſſort de la Nation par les délices des arts, ou l'aveugler par les éloges des Poëtes, la Suéde rompit en un moment les chaînes qu'elle avoit portées bien moins par foiblesse réelle, que par un respect outré pour les grands talens de ces Rois.

L'Angleterre aussi féconde que la France en Littérateurs de tout genre, vit dans ce siécle l'irréligion & la débauche faire sous Charles II les plus grands progrès ; les électeurs des Membres du Parlement vendirent aux Candidats leurs suffrages, & les Candidats préférés se firent acheter de la Cour ; la Nation étoit perdue, si Charles II eut été moins prodigue, & Jaques II moins fanatique & moins cruel ; quant à la part que les Lettres ont à prétendre au mauvais succès des projets de l'un, & à la fuite de l'autre, l'Evêque Burnet nous en instruira.

„ Au-lieu, dit-il, que dans nos Universi-
„ tés les jeunes gens devroient être formés à
„ l'amour de la Patrie, de la constitution &
„ des Loix, ils n'y prennent que des dif-

„ positions à souffrir le pouvoir arbitraire, & „ à porter les fers d'une Monarchie absolue: „ il arrive bien dans la suite que l'intérêt, le „ ressentiment, & d'autres motifs semblables „ les jettent quelquefois dans une allure oppo- „ sée; mais comme ce n'est jamais le cœur „ qui les ramène, il n'y a point d'esclavage „ dont ils ne s'accommodent, pourvu qu'on „ daigne les y employer : trois fois, ajoute- „ t-il, j'ai vû la Nation conduite au bord du „ précipice par des gens élevés dans ces „ idées (*)."

S'il est quelque pays qui semble d'abord devoir s'applaudir de l'admission des sciences & des arts, c'est sans doute la Russie; elle étoit foible, ignorante, & presque sauvage, lorsque Pierre I en prit les rênes, il y transporta les

(*) *Mémoires pour servir à l'Histoire de la Grande Bretagne Tome VI. p.* 352-53.

inſtitutions & les découvertes de l'Europe, & la laiſſa en mourant policée, guerriere, & puiſſante: il eſt aiſé de répondre.

Premièrement telle choſe eſt un mal en ſoi, qui peut devenir un bien en préſervant de plus grands maux; ainſi l'invention de la poudre à canon me paroît funeſte, cependant ſi quelqu'un l'avoit communiquée aux Américains, avant la navigation de Colomb, & les eût mis parlà en état de réſiſter à leurs deſtructeurs, il les auroit certainement bien ſervis: de même, les Moſcovites environnés de Peuples plus aguerris & mieux armés qu'eux, couroient riſque d'être envahis & peut-être ſubjugués; Pierre I en les diſciplinant & les armant à l'Européenne, leur étoit donc vraiment utile.

Il fit d'autres choſes très-belles & très-ſages, il abolit le Patriarchat, & groſſit de ſes revenus ceux de la Couronne; il favorifa la population, en défendant à fes fujets l'entrée des Monaftères avant l'âge de cinquante ans; il caffa les Strélitz, qui différens des Janiffaires, n'étoient redoutables qu'à leurs Empereurs; il aida le commerce en mille manières, & ce qui eft plus que tout cela, il comprit qu'on ne menoit jamais loin les hommes par la feule force de l'autorité, fi l'on n'y joignoit celle de l'exemple, & il eut l'ame affez forte pour ofer être charpentier, tambour, matelot.

Certainement on a donné le nom de grand à des Princes qui avoient fait beaucoup moins pour leur Peuple; cependant fi nous examinons à quel prix la Nation Ruffe a acheté toutes ces améliorations, nous ferons étonnés de la difproportion qui fe trouve entre la dépenfe & le produit.

Il foumit l'Ingrie, la Carelie, la Livonie:

mais ces Provinces avoient été cédées aux Suédois par des Traités ; d'ailleurs le Czar n'avoit pas besoin de terres, mais d'hommes, & ces conquêtes ayant été le fruit d'une guerre de dix-huit ans, aussi vive qu'il en fût jamais, coutèrent probablement plus de sujets qu'elles n'en donnèrent, sans parler des trésors qu'il y falut employer.

Il fonda Pétersbourg : mais outre que les grandes villes sont les gouffres de l'espèce humaine, il la peupla au moins de deux cens mille hommes de trop, qui joints à un pareil nombre emporté par l'excès des travaux, ou par l'air empesté des marais qu'il falut sécher, privèrent l'Etat d'un Peuple immense, qui répandu dans la campagne auroit vivifié quatre à cinq Provinces, que l'on jetta dans la langueur.

Enfin ces changemens si vantés multiplierent pour les Russes mêmes les causes de destruction, en mettant leurs Princes en état de prendre part aux troubles de l'Europe : que leur importe en effet d'en être l'effroi, si l'avantage qu'ils en retirent, se borne à leur associer de nouveaux esclaves ?

DISCOURS,

SUR CETTE QUESTION

PROPOSÉE, PAR UNE SOCIÉTÉ

DE GENS DE LETTRES DE BERNE.

Quels sont les moyens de tirer un Peuple de sa corruption, & quel est le plan le plus parfait que le Législateur puisse suivre à cet égard?

. . . . . . Facilis descensus Averni,
Sed revocare gradum, superasque evadere ad auras,
Hoc opus, hic labor est. . . . . . .

Æneid. VI.

Les Sociétés savantes ne s'étoient guere occupées jusqu'à nos jours que de recherches aussi profondes qu'inutiles au genre humain. Il étoit temps pour l'honneur des lettres qu'il s'en formât une, qui, à l'exemple de Socrate, fit descendre la sagesse en terre, & défendît spécialement les intérêts de la Patrie, & la cause de la vertu. Heureuſe Helvétie, ſanctuaire de la liberté, aſyle antique & ſacré des mœurs! c'eſt à toi qu'il appartenoit de donner ce modele aux doctes, & ce préſent à la terre: en vain donc t'accuſe-t-on de décheoir, en vain ſe plaint-on que l'opulence & le luxe commencent à te travailler, je ne déſeſpèrerai point de toi, tant qu'il te reſtera de ſemblables ſages; ſi la vertu étoit morte dans ton ſein, perſonne ne voudroit la reſſuſciter.

Mais il s'agit ici de mériter des éloges, & non d'en donner: examinons donc quels ſont les moyens de tirer un Peuple de ſa corruption, & quel eſt le plan le plus parfait que le Légiſlateur puiſſe ſuivre à cet égard: heureux, ſi en méditant ſur les effets & les remedes des vices, je trouve au moins de nouveaux motifs à m'en préſerver moi-même.

PREMIERE PARTIE.

Il y a deux périodes bien diſtinctes dans la corruption des Peuples ; la première eſt celle qui commence la dépravation, la ſeconde celle qui l'acheve ; dans l'une on ſe contente d'abandonner la vertu, dans l'autre on la ridiculiſe ; dans l'une elle conſerve encore un grand nombre de partiſans, dans l'autre à peine voit-on quelques Thraſéas ſe tirer de la foule impure, & ſurnager au débordement des vices ; dans l'une enfin, on ſauve au moins les apparences, & ſi l'on n'a pas des mœurs, on feint d'en avoir, dans l'autre au contraire, le vice inſolent marche à tête levée, on s'applaudit, on ſe vante de ſes déſordres, c'eſt la vertu dont on rougit, & que l'on force à ſe cacher.

Ces deux périodes ſe reſſemblent, en ce que l'une conduit à l'autre, & que la ſeconde n'eſt en quelque ſorte que la maturité de la précédente; elles different, en ce que la premiere criſe admet des remedes, & que l'autre n'en ſouffre point, l'une ne fait que rendre l'Etat malade, l'autre le conduit néceſſairement au tombeau.

Ce ſont ces deux vérités que je me propoſe d'établir dans ce diſcours, je prouverai d'abord qu'un Peuple généralement dépravé, eſt irréformable; j'indiquerai enſuite les moyens qui me paroîtront les plus propres à arrêter la corruption des autres: amis de l'humanité, partiſans de la vérité & des mœurs! Quel ſujet plus intéreſſant pourrois-je offrir à votre attention?

Gardons-nous d'abord de confondre les Peuples corrompus avec les Peuples méchans, féroces, barbares, tels qu'on nous peint, par exemple, les ſauvages de l'Amérique ſeptentrionale; ceux-ci n'ont point de mœurs, & peuvent en acquérir, la vigueur même dont ils ont besoin pour être cruels, & pour souffrir en silence les cruautés de leurs ennemis, les rend capables de grands efforts, & par-là de réformation. Les autres au contraire lâches, mous, efféminés, sont gangrénés de mille vices, & commettent rarement des crimes, leur ressort moral est, pour ainsi dire, usé, les Chefs y sont vénaux, les marchands faussaires, les artisans infideles; la plupart des citoyens concentrés dans leurs intérêts privés ou dans leurs plaisirs, négligent sans scrupule le bien public, ou en trafiquent sans remords, la foi conjugale n'y est plus qu'un nom, & le serment qu'une vaine cérémonie.

Qu'une Nation parvenue, ou à-peu-près à ce degré de dépravation, puisse revenir sur ses pas & changer ses mœurs, c'est ce dont l'Histoire ancienne & moderne ne fournit pas un seul exemple, & dont les raisonnemens ne montrent que trop la triste impossibilité.

I°. En effet, comme un Peuple ne se réforme pas dans un jour, il ne se corrompt pas non plus dans une heure; il faut du temps, il faut des années pour faire oublier les anciens principes, & accréditer les Sophismes qu'on leur oppose; le vieillard vénérable ranime alors sa chaleur mourante pour la sainte défense des Loix qui ont fait la félicité de sa vie, & la gloire de ses ayeux; combien même de jeunes gens, imbus dès l'enfance des sages maximes, repoussent avec horreur l'amorce perfide, & se font honneur de combattre sous ces dignes Chefs!

Comment est-ce donc que le vice renverse enfin toutes les barrieres, & parvient à infecter la masse du Peuple? Il ne commence point par attaquer de front, il prend un masque éblouïssant & trompeur, il rampe, il flate, il s'insinue ; armé des subtilités de la Dialecti-que, il emprunte d'abord le ton de la Philo-sophie, & prétend démontrer en raisonneur profond ses maximes empoisonnées, vous le prendriez pour un libérateur généreux, qui gé-missant des pesantes chaînes dont la supersti-tion ou la politique ont chargé les pauvres mortels, veut par pitié les en délivrer; il prou-ve méthodiquement que le luxe fait la splen-deur des Etats, que l'amour de la Patrie est un fanatisme, & le respect pour la Religion un délire : bientôt devenu plus hardi, à me-sure que le nombre de ses prosélytes augmen-te, il mêle à ses sophismes les traits piquans de la satyre, il envenime les actions les plus innocentes, il prête de mauvais motifs à cel-les qui paroissent les plus désintéressées, il inſinue avec habileté que les vertus ne ſont gueres que des vices déguiſés, l'économie eſt traitée d'avarice, la modeſtie d'orgueil déguiſé, le goût des plaiſirs tranquilles de miſantropie, la pieté d'hypocriſie. On voit aiſément quels effets doivent produire de pareils diſcours: comment chercheroit-on à acquérir des qualités ſuſpectes, peut-être odieuſes? Pourquoi travailleroit-on à ſe corriger de ſes vices, puiſque ceux qui en ſont exemts, en ont d'autres auſſi mépriſables, qu'ils ſavent ſeulement un peu mieux voiler, il ne s'agit donc plus que d'être auſſi fourbe qu'eux, de donner aux ſiens le plus beau vernis poſſible, & l'on ne tarde pas à y réuſſir.

Enfin, lorſque la foule abuſée commence à ſuivre les étendarts du Sophiſte, il prend un ton plus fier encore & plus inſolent; ſes raiſonnemens impoſteurs avoient commencé la

défaite

défaite de la vertu, le ridicule l'acheve: c'est ce ridicule que j'appellerois l'arme la plus dangereuse que l'Enfer ait inventée pour avilir les mortels ; c'est lui qui élevant le tribunal honteux de la mode sur les débris de celui de la raison, dénature tous les objets, renverse toutes les idées, ôte à chaque chose sa forme réelle, pour lui en substituer une autre fantastique & burlesque, qui prete matière à ses ris amers; c'est alors que les gens d'esprit succèdent aux hommes de sens & de jugement, on ne cherche plus à se faire valoir dans la Société par des lumières, des vertus ou des talens utiles, mais par je ne sais quelle habileté misérable à plaisanter sur ce qu'il y a de plus respectable, à avilir ce qu'il y a de plus grand; alléguez-vous pour les défendre un argument victorieux, on n'a garde de s'arrêter à le réfuter, un bon mot le réduit en poudre, votre sérieux même à le proposer est joué, bientôt peut-être vous vous croirez heureux qu'on daigne oublier que vous avez voulu raisonner.

C'est la crainte malheureuse de ce persifflage qui fait plus de méchans dans un jour que la séduction n'en eût faits dans un lustre ; que dis-je, méchans ? Ils ne le sont pas, ils s'efforcent de le paroître, souvent la vertu vit encore toute captive au fond de leurs cœurs, mais ils en rougissent, ils l'y tiennent scrupuleusement étouffée, ils tremblent que malgré leurs soins elle ne perce au dehors, & ne leur attire de désolans sarcasmes ; ils font donc tout ce qu'ils peuvent pour détruire ou prévenir les soupçons, & commettent le mal sans pudeur par pure poltronnerie.

Dès lors il est évident que la corruption, loin de diminuer ou de s'arrêter, doit aller sans cesse en croissant, non seulement on a confondu toutes les idées, non ſeulement on appelle le bien mal, & le mal bien, comme un Prophête le reprochoit autrefois aux Juifs, & Caton au Sénat de Rome, mais le principe néceſſaire de toute réforme, le jugement même eſt proſcrit comme un pédant ou un fâcheux; on effleure tout, on n'examine rien, ou ſi quelquefois on diſcute, ce n'eſt point pour chercher le vrai, encore moins pour le ſuivre, au cas qu'on le trouve, c'eſt pour étaler de l'eſprit, pour mettre en jeu l'imagination, & comme on ôſe le dire, pour tuer le temps, comme ſi nous pouvions en avoir de reſte; uſages, coutumes, maximes, tout ce qui ſent l'antiquité, eſt décidé ſans appel abſurde; pleinement convaincu que le ſiécle où l'on vit, eſt le premier où l'on ait ſçu vivre, on jette un regard de compaſſion dédaigneuſe ſur les âges qui ont précédé; chacun, à proportion de ses revenus ou de ses talens, travaille à ajouter quelque folie à celles qui sont en vogue, l'on ne marche plus, on court dans la carrière des vices : comment en retirer des gens qui la croyent l'unique route du bonheur?

II°. Comme par la nature des choses humaines, elles marchent toujours vers leur décadence, les habiles Législateurs, en instituant un Etat, n'ont jamais manqué d'y établir un Magistrat, ou un corps de Magistrature destiné à venger les mœurs, à prévenir ce qui seroit capable de les altérer, à les remonter, en quelque maniere, quand elles commenceroient à décheoir: c'étoit l'office des Censeurs à Rome, des Aréopagites à Athenes, des Ephores à Lacédémone; c'est celui des Tribunaux de Réforme établis dans plusieurs des Républiques modernes, c'est celui des Pasteurs & des

Consistoires : certainement, s'il y a quelque amendement à espérer d'un Etat dépravé, c'est de ces Inspecteurs que l'on doit l'attendre; malheureusement l'expérience nous apprend encore, que lorsque la corruption est parvenue à un certain point, ou ces Magistrats ne remplissent pas leur devoir, ou ils le remplissent inutilement.

Ce n'est pas que le mal commence ordinairement par eux, au contraire, comme au moment où on l'apperçoit, il reste encore un grand nombre de gens de bien, les Censeurs se piquent très-communément de défendre à leur tête les anciennes Loix, ils le font alors sans peine, parce qu'ils le font sans le moindre risque, & que souvent même ils hazarderoient leur réputation en agissant autrement; mais quand la contagion a gagné la masse du Peuple, & qu'il ne reste à la vertu que quelque disciples timides, épars, consternés, les choses changent bien de face, il faudroit que les Censeurs augmentassent de zèle, & redoublassent leurs efforts, le mauvais succès des premiers les décourage, & ils en font de moindres; autrefois ils s'illustroient en remplissant virilement leur devoir, ils se rendent alors ridicules, & de quelle force d'ame n'est-il pas besoin pour soutenir les sarcasmes de tout un Peuple? Je sai que Socrate les brava jadis, mais outre que les Socrates sont rares, il ne suffit pas aux Censeurs de mépriser les plaisans; pour les corriger, il les faut faire taire, car tant qu'un Peuple raille ses Réformateurs, il est trop loin de les respecter pour les suivre. Il me paroît, même presque impossible que les derniers Censeurs ayent la même horreur pour les vices que ceux qui les ont vûs naître, leurs yeux y sont accoutumés dès l'enſance, & comme celui qui n'auroit jamais vû que des viſages difformes, ne les trouveroit point tels, il eſt bien difficile qu'un homme élevé par des méchans, & environné de méchans, haïſſe beaucoup la méchanceté.

III°. Accordons cependant que parmi la multitude avilie, il puiſſe naître quelques grandes ames, qui perçant l'épais nuage d'erreurs & de vices dans lequel vivent leurs concitoyens, oſent porter ſur la vérité un œil intrépide, & la contempler ſous toutes ſes faces; ſuppoſons que par une ſuite de leurs réflexions elles apperçoivent les abimes dans leſquels leur Patrie eſt prête à ſe perdre, quel ſera le fruit de ces triſtes découvertes? Hélas! l'effroi, la douleur, bien plus que le courage & le zéle; plus ces ſages auront acquis de lumieres, mieux ils verront auſſi la grandeur du mal, la profondeur des bleſſures que la République a reçues,

& l'impossibilité d'y apporter le remede : contens alors de protester par leurs mœurs contre la corruption publique, ils éviteront des emplois qui leur imposeroient l'obligation de la combattre, sans leur fournir les moyens de la vaincre; envelopés de leur vertu, ils chercheront dans la retraite un asyle contre les moqueurs, & pleureront en silence sur les calamités qu'ils prévoyent, sans espoir de les prévenir. C'est ainsi que les rênes du Gouvernement restent aux mains les moins dignes de les tenir, & qu'au moral comme au physique, la vîtesse d'un corps qui tombe, s'augmente sans cesse.

IV°. Que s'il s'y trouve de ces citoyens intrépides, dont les obstacles ne fassent qu'enflammer le brûlant courage, & qui ne craignent point de prendre le gouvernail, lors même que l'aquilon fougueux déchire les voiles, que la mer en furie souleve ses flots, & que l'équipage yvre ou mutiné ne peut ou ne sait obéir, que de dégoûts n'auront-ils pas à vaincre, & de barrières à forcer, avant que d'obtenir le pouvoir de sauver l'Etat du naufrage ?

En effet, comme les Tyrans sont de tous les Princes les plus difficiles sur le cérémoniel, plus un Peuple se déprave, plus il veut être flaté par ses Chefs, & par ceux qui aspirent à l'être; c'est en cédant à ce délire que les Orateurs se rendirent autrefois maîtres d'Athenes, & la perdirent enfin; ajoutez à cela les cabales, les brigues, les menées sourdes, peut-être l'achat des suffrages qu'employent dans tout Etat corrompu la foule des Prétendans; qu'opposeront à tout cela nos généreux citoyens? Commenceront-ils par s'avilir pour avoir droit d'annoblir leurs compatriotes? Flateront-ils les vices qu'ils veulent détruire? Corrompront-ils ceux qu'ils prétendent réformer?

Et qu'on ne dise point qu'ils n'auront pas besoin de ces vils maneges, parce que leur mérite briguera pour eux; sans doute, dans un Etat où regnent les mœurs, & où les gens de bien sont le plus grand nombre, les citoyens savent s'honorer eux-mêmes en honorant la vertu, & en lui confiant la garde de la Patrie; la vertu à son tour, placée dans le lieu qui lui est le plus favorable, se plaît à faire tout le bien qui dépend d'elle, & elle est ingénieuse à en trouver les moyens, ses salutaires rayons vont réchauffer le pauvre en sa cabane, découvrent les intrigues obscures du vice, & mettent le mérite modeste au grand jour; ainsi l'effet devient cause, les distinctions accordées aux gens de bien, sont la semence qui en produit d'autres, l'Etat eſt heureux & digne de l'être.

Mais chez un Peuple abâtardi, comment les vertus pourroient-elles être des titres aux dignités? Y ſait-on ſeulement ce que c'eſt que vertu? N'en proſtitue-t-on pas le nom vénérable ou à de frivoles talens, ou même à des vices honteux? C'étoit une vertu chez les Perſes de s'enyvrer difficilement; la duplicité & la fourberie en étoient preſque une à Carthage, & ne voit-on pas encore chez une Nation moderne le point d'honneur conſiſter à ne ſouffrir aucune inſulte, & à n'en point réparer, enſorte qu'on eſt flétri, dès qu'on avoue ſes fautes, ou qu'on ne lave pas celles des autres dans leur ſang?

Non ſeulement dans un Etat corrompu on donne de beaux noms aux vices, la vertu même en reçoit ſouvent d'odieux; la ſimplicité des mœurs eſt appellée affectation, le mépris des préjugés à la mode ſingularité, le refus de s'élever par l'intrigue, les flateries ou les largeſſes, orgueil ou léſine. Ainſi les qualités qui devroient conduire aux emplois, & qui y conduiſoient en effet dans le bel âge de la Nation, deviennent des raiſons d'excluſion, quand elle a changé.

Les Chefs même trouvant dans le déſordre leur intérêt préſent & particulier, écartent avec ſoin tous les Candidats, dont la vertu & l'intégrité contraſteroient trop avec leurs rapines, & peut-être les réprimeroient. O magnanime Sully, auſſi digne du nom de grand que ton Maître! Tu vins à bout, il eſt vrai, d'arracher la France aux ſangſues qui la dévoroient, tu rendis la paix aux campagnes, tu ranimas le commerce, & fis oublier trente ans de déſolations, mais par combien de vils artifices, de manœuvres d'iniquité, de calomnies atroces faillit-on de te faire passer pour un traître, & d'enlever au meilleur des Princes le plus utile de ses sujets?

Rome même, où la vertu sembla pendant cinq siécles avoir fixé le siége de son Empire, Rome repoussa enfin les Héros & les sages, qu'elle alloit autrefois prendre à la charrue: Ciceron & Catilina lui demandent en même temps l'honneur suprême du Consulat, l'un avoit pour lui vingt ans de services, & quarante d'une vie intègre, l'autre chargé d'opprobres & de crimes, étoit même alors soupçonné de n'ambitionner la premiere place, que pour asservir ceux qui l'auroient donnée, l'un avoit tout pour lui, excepté sa naissance, l'autre avoit tout contre lui, excepté sa noblesse; cependant Rome balance entre l'homme nouveau & le scélérat, & si Catilina n'eût été aussi imprudent que féroce, elle auroit probablement remis ses faisceaux à ce monstre, dont cent fois déja la tête coupable auroit dû tomber sous la hache des Licteurs.

Que dis-je! Caton même, qu'un Dieu propice sembloit avoir fait naître alors pour résister seul à son siécle, & préserver du joug la Reine du monde, Caton remplit avec tant de zèle, de courage & de succès les premiers emplois qu'on lui donne, qu'on n'ôse l'élever au plus important de tous, de crainte, sans contredit, qu'il n'y fît trop de bien; il descendoit pourtant d'une famille illustre, mais la noblesse ne devoit plus être avantageuse qu'aux traîtres, elle devenoit inutile, quand on y joignoit la vertu.

V°. Supposons enfin, tous ces obstacles forcés, supposons que par un concours de circonstances heureuses, les préjugés & les vices ſoient obligés de ſe taire devant la vertu, & de lui céder les honneurs qui n'appartiennent, en effet qu'à elle, puiſqu'elle ſeule fait les rapporter à leur vraie deſtination, je dis que les efforts de ces ſages Magiſtrats pourront bien pallier quelques maladies du corps politique, mais ne pourront les guérir, ils ralentiront les progrès des vices, ſans les arrêter, & retarderont de quelques inſtans la chute de la Patrie, ſans la pouvoir prévenir.

Que n'eſt-ce ici une prédiction que je fais, plutôt qu'un réſumé de l'hiſtoire de tous les Peuples! Sparte, l'ancienne Patrie de la frugalité & du vrai courage, où les femmes mêmes, cent fois plus magnanimes que les hommes de notre ſiécle, ne connoiſſoient d'autre gloire que celle de donner de dignes citoyens à l'Etat, Sparte oublie ſes anciennes regles, elle admet dans ſon ſein de perſides richeſſes,

& bientôt après les délices, la vanité, l'indigence; un Héros paroît pour la réformer, & ce Héros est couronné, Agis du haut du trône rappelle à la vertu ses sujets, & leur en donne l'exemple; mais il ne trouve presque en eux que des cadavres glacés, ou plutôt des bêtes féroces; ces Voluptueux si aimables, tant qu'on les avoit laissés jouïr en paix de la misère publique, deviennent furieux, dès qu'on parle de les ramener à la tempérance par l'égalité; Agis, pour prix de ses sacrifices & de ses travaux, reçoit le lacet de la mort.

Ce que ce Prince avoit entrepris à Sparte, les Gracques le tentèrent à Rome. Voyant d'un côté une foule de particuliers aussi opulens que des Rois, de l'autre une multitude immense affamée, prête à vendre, pour subsister, ses suffrages à qui voudroit les acheter, ils tremblèrent pour la liberté, & cherchèrent

chèrent à la rafermir; sans doute le meilleur moyen eut été d'abolir cette inégalité monstrueuse, mais Rome étant déja corrompue, ils comprirent sans peine qu'en voulant trop bien faire, ils ne feroient rien, & ils se réduisirent à demander qu'on donnât du pain aux enfans de ceux qui avoient donné à Rome l'empire du monde; ils l'arrachèrent, il est vrai, ce pain malheureux plus qu'ils ne l'obtinrent, mais il le falut payer de leur sang, & perdre la vie pour l'avoir conservée à cent mille citoyens. (*) Bientôt le barbare Sylla rétablit

(*) Je suis bien éloigné d'aprouver tout ce que firent les Gracques, mais je soutiens que leurs fautes leur appartiennent beaucoup moins qu'aux Sénateurs & aux Nobles qui les y forcèrent; si ceux-ci s'étoient prêtés de bonne grace aux premieres & justes demandes de Tibérius, il s'en feroit très-probablement tenu-là; mais devenu l'objet de leur haine implacable; il ne vit de bouclier contr'eux que la faveur du Peuple, & il le flata sans cesse par de nouvelles Loix. Cayus, outre les mêmes

les anciens abus, Craſſus, Céſar & Pompée corrompirent tous ceux qu'ils tentèrent, & Rome redevint, comme à ſa naiſſance, un aſſemblage hideux d'eſclaves & de brigands.

Mais que dirons-nous, ſi l'adverſité même, appellée à ſi juſte titre la mere de la vertu, ne l'eſt point à l'égard des Peuples généralement corrompus? Je n'en donnerai d'autre preuve que la fameuſe Carthage. Cette puiſſante République, après avoir mis Rome à deux doigts de ſa ruïne, avoit enfin accepté les conditions de paix les plus dures & les plus honteuſes; cependant, loin de gémir ſur l'humiliation de la Patrie, & de chercher dans l'économie & l'intégrité les moyens de s'en relever, ſes Magiſtrats indignes déférèrent

raiſons, avoit un frere à venger. Plutarque lui-même étoit de mon ſentiment. *Voyez la vie de Cayus Gr.*

Annibal même aux Romains, lorſque ce grand homme devenu Préteur voulut les empêcher de piller l'Etat: „ malheureux, " dit admirablement Monteſquieu (*), „ qui vouloient „ être citoyens ſans qu'il y eut de Cité: " Il n'y en avoit plus en effet, ou du moins ſon exiſtence étoit tout-à-fait précaire, dès qu'il n'y avoit plus de vertu.

Par quel aveuglement étonnant ces Républiques ſi longtems ſages repouſſèrent-elles ainſi les mains bienfaiſantes qui vouloient les relever? Comment ne virent-elles pas les abîmes qui s'ouvroient ſous elles? Ou pourquoi ne firent-elles rien pour les combler? Achevons de délier cet étrange nœud.

Agis, les Gracques, Annibal, tous ceux qui dans des circonſtances pareilles (†) ont

(*) *Eſprit des Loix L. 3. C. 3.*
(†) C'eſt ainſi qu'au milieu du XIV. ſiécle le

ſuivi leurs traces, ont échoué miſérablement, parce qu'ils n'avoient aucune priſe ſur leurs lâches compatriotes, parce que leurs compatriotes, avec l'amour de la vertu, avoient perdu l'amour de la Patrie. Qu'importoit aux grands de Carthage, de Lacédémone, de Rome, que le Peuple fût miſérable, méchant, peu nombreux? Ils n'en avoient que plus de moyens de le mener à leur gré, & plus de droits à le mépriſer; la foibleſſe de l'Etat faiſant leur force, comment auroient-ils voulu la faire ceſſer? Sa durée même les intéreſſoit beaucoup moins que celle de leur pouvoir.

C'étoit bien d'ailleurs de ces hommes flétris & endurcis par le luxe, aſſervis à mille

Peuple Romain délivré des Papes, ayant élu Tribun Nicolas Rienzi, les Patriciens le firent aſſaſſiner, parce qu'il vouloit rétablir la liberté, ſa mort ne fut point vengée, & tous ſes projets périrent avec lui.

besoins fantastiques, entourés d'esclaves & de comédiens qu'il falloit attendre de généreux sacrifices! Des cœurs sensibles aux plaisirs du patriotisme regardent, je le sais, avec dédain tous les autres ; mais quand une fois l'on en a perdu l'heureux goût, quand on leur a substitué ceux de la magnificence, de la table & de la mollesse, n'attendez plus rien de ces ames cadavéreuses, ou elles n'ont plus de vigueur, ou elles employeront ce qui leur en reste à se conserver leurs honteux plaisirs, aux dépens de tout.

Le Peuple même, complice des maux qu'on lui fait & qu'on lui prépare, tombe dans une espece d'yvresse ou de léthargie, qui l'empêche de les sentir ou de les prévoir. En vain pour l'en tirer, met-on le passé & l'avenir en usage, en vain lui rappelle-t-on les succès & la gloire dont les vertus de ses Peres furent couronnées, en vain lui dépeint-on les malheurs que des mœurs ſemblables aux ſiennes ont attirés à d'autres Nations, on traite les Moniteurs de Prophêtes ſiniſtres, dont le cerveau mélancolique & ſombre ne voit partout que des dangers, & n'enfante que des revers; ou ſi quelquefois un rayon de lumiere perçant pour un moment ces triſtes ténèbres, force le Peuple de voir ſon état, moins effrayé de ce que ſes vices pourront lui couter dans la ſuite, que des efforts préſens qu'il lui faudroit faire pour y renoncer, il cherche à s'aveugler ou à s'étourdir ſur ſes craintes; ſemblables à ces animaux imbécilles, qui pourſuivis par l'ardent chaſſeur, penſent avoir mis leurs jours à couvert, quand enfonçant leur tête dans les buiſſons, ils ne voyent plus l'ennemi qui les preſſe, on diroit qu'en évitant de penſer aux orages qui les aſſiegent, ces citoyens ſans courage les ont diſſipés, ils ſe livrent donc de nouveau aux amuſemens frivoles, aux criminels plaiſirs qui les pervertiſſent, ils prennent même des précautions contre quiconque voudroit troubler leur ſécurité, (*) & préfèrent cent fois de ſuivre les ſentiers fleuris qui les ménent à l'autel où ils ſeront immolés, plutôt que de rebrouſſer vers les ſentiers de la vertu, ſemés en effet pour eux de ronces & d'épines.

O Spartes! ô Romes modernes, s'il en eſt encore ſur la terre! Profitez donc des déſaſtres qui ont écraſé tant de Peuples; c'eſt de deſſus leur cendre lugubre que j'éleve juſ-

(*) C'eſt ainſi que les Athéniens, peu d'années avant leur défaite à Chéronée, firent une Loi qui condamnoit à mort le premier qui propoſeroit de convertir aux beſoins de la guerre l'argent deſtiné aux théâtres. *Eſprit des Loix ibid.* Qu'importe en effet de n'avoir point de liberté, pourvû qu'on ait des Comédiens?

qu'à vous ma voix gémiſſante: que ce ne ſoit pas en vain que la Patrie des Brutus ait obéï à des Nérons, & que tant de Cités qui paroiſſoient immortelles, ayent été raſées juſqu'aux fondemens: les gouffres où elles ſe ſont englouties, ne ſont point fermés, & les Tibères n'ont jamais manqué aux eſclaves de leurs paſſions. Tremblez donc de changer vos mœurs, ſi vous ne voulez changer votre ſort; les vices, vous le ſavez, ne préſentent d'abord que ris & que jeux, mais ſi jamais ſéduits par leurs perfides amorces, vous leur donnez entrée au milieu de vous, ſi jamais les plaiſirs de la molleſſe vous tentent, ſi le faſte barbare & l'intempérance vous rendent l'avarice & la tyrannie néceſſaires, ſi vous conférez vos honneurs à ceux qui vous flatent ou qui vous amuſent, plûtôt qu'à ceux qui vous aiment, qui vous éclairent, & pourroient vous défendre, vous ſerez perdus ſans reſſource, vous périrez infailliblement : vous périrez, parce que les mêmes cauſes qui auront introduit parmi vous ces vices, les y feront pulluler. Vous périrez, parce que votre raiſon même ſe pervertira, que vous donnerez aux crimes les couleurs de la vertu, & à la vertu les couleurs des crimes : vous périrez, parce qu'en vain le Ciel vous ſuſciteroit quelques grandes ames pour vous éclairer, vous n'auriez plus la ſageſſe de les écouter, peut-être les haïriez-vous & ſûrement leurs conſeils vous paroîtroient trop durs pour les ſuivre : vous périrez, parce que vos voiſins, témoins de votre foibleſſe, ſe hâteront d'en profiter pour s'enrichir de vos dépouilles & vous accabler ; vous périrez, parce qu'au défaut de deſtructeurs du dehors, vos vices en tiendront la place, ils vous armeront les uns contre les autres, ou vous vendront à un traître, qui établira ſa grandeur ſur votre infamie; car je vous reſpecte trop pour vous démontrer qu'on n'eſt plus, quand on eſt eſclave. Veillez donc, je vous en conjure parce que vous avez de plus cher, au nom de votre Patrie, au nom de vos deſcendans, veillez au maintien des Loix & des mœurs, les vrais Palladiums des Nations, écartez avec ſoin ce qui pourroit en affoiblir l'empire, en altérer la pureté, aimez la frugalité, craignez les richeſſes, aucun Etat n'a péri pour ſa pauvreté, mille ont croulé ſous leur opulence: Puiſſiez-vous ainſi fleurir & proſpérer d'âge en âge! Puiſſiez-vous tranſmettre à la millieme génération vos vertus, votre liberté, votre gloire! Puiſſiez-vous ſubſiſter autant que le monde, & ne tomber qu'avec l'Univers!

SECONDE PARTIE.

Mais c'eſt aſſez nous occuper de vérités triſtes, portons nos regards ſur d'autres plus conſolantes; nous n'avons eu que trop de facilité à prouver qu'une Nation corrompue eſt irréformable, rempliſſons notre plan en cherchant les moyens de réformer celle où la corruption n'a fait que peu de progrès; ſans doute l'entrepriſe eſt encore bien difficile, j'oſe pourtant la croire poſſible, il ſeroit trop humiliant d'être forcé d'avouer qu'on peut ſi aiſément paſſer des vertus aux vices, & que le retour aux premieres fut impraticable; cherchons donc à la fois avec patience & avec zèle, on approuvera nos efforts ſi l'on n'applaudit pas à nos vûes.

Avant d'entrer dans la carrière, qu'il me ſoit cependant permis de la contempler, je n'en vois point ſous le Ciel d'auſſi glorieuſe; celle même des fondateurs des Etats me paroît moins belle & moins noble, ils donnoient la plupart une Patrie & la liberté à des hommes qui n'avoient rien, & qui par reconnoiſſance alloient au devant de leurs vœux; ſi nous apprécions enſuite les fameux Guerriers, quoiqu'il ſemble d'abord qu'on ne puiſſe trop eſtimer des hommes, qui ont cimenté de leur ſang l'indépendance de l'Etat, nous verrons que leurs ſervices, ſi juſtement célébrés, en écartant les dangers préſens, en ont ſouvent préparé de plus grands aux races futures, c'eſt ainſi que la Grece ſauvée à Marathon, reçut à Platée le germe fatal de ſa ruïne; mais corriger un Peuple déja formé, arrêter le cours des déſordres qui commencent à le dépraver, prévenir ſes forfaits & ſes infortunes, faire diſtiller dans ſes veines comme un nouveau principe de vie, qui lui rende sa santé premiere, & prépare le bonheur de ses descendans & de ses voisins, voilà sans doute le plus beau projet qui soit jamais entré dans l'esprit humain; Lycurgue l'exécuta autrefois, & Sparte l'en bénit durant cinq cens ans; le seul désir de l'imiter mériteroit des éloges, mais s'il étoit permis d'élever des autels à la créature, on en devroit au mortel Auguste qui l'imiteroit en effet.

Et voilà en même-tems ce qui doit enflammer & soutenir le courage de ceux qui osent marcher sur ses traces: Chefs & Législateurs des Nations, l'éclat qui vous environne, éblouït sans doute les yeux, on vous honore, on vous loue, peut-être on vous flate, mais voulez-vous mériter les hommages du sage même, & une gloire éternelle, rendez à vos Sujets la vertu, affermissez son empire parmi vos concitoyens; on oublie bientôt la magnificence des Princes, on ne se souvient de leurs guerres & de leurs conquêtes que comme des tempêtes & des incendies; mais la mémoire du vrai Héros, qui a rendu son Peuple meilleur, & par conséquent plus puissant, plus heureux, plus riche, ne périt jamais, son nom toujours plus chéri passe de bouche en bouche à la postérité la plus reculée, & sa respectable tombe est souvent arrosée des larmes d'attendrissement qu'y viennent répandre les vrais Patriotes.

I°. LA PREMIERE attention du Législateur dans une telle entreprise, doit être de s'instruire à fond de tout ce qui peut en prévenir ou en faciliter le succès, il doit connoître toutes les playes de l'Etat, leur profondeur, leurs causes; il doit calculer les forces morales qui restent à sa Patrie, examiner avec le plus grand ſoin les moyens d'en tirer le meilleur parti poſſible, jetter les yeux ſur les conjonctures préſentes, prochaines ou probables qui pourroient aider ou traverſer ſon projet, pour en hâter l'exécution ou la différer.

Il en eſt en effet des Peuples à peu près comme des individus, la proſpérité les enyvre, & les rend indiſciplinables ; mais ſurvient-il un tems de diſette, un déſaſtre ? Eſt-on menacé d'une invaſion, d'une guerre? Voilà l'inſtant favorable où le Peuple abattu ou intimidé peut recevoir inſtruction, il s'agit de ne la lui préſenter que comme l'unique remede aux maux qu'il éprouve ou qu'il craint.

S'il ne falloit en effet pour réformer un pays que commander le Sceptre à la main, lancer des arrêts fulminans, multiplier les interdictions, l'ouvrage ne ſeroit pas difficile ; mais pour peu que l'on connoiſſe les hommes, on comprendra ſans peine que ce n'eſt pas ainſi qu'on les change; l'indomptable orgueil dont ils ſont remplis, les roidiroit ſûrement contre le nouveau joug qu'on voudroit leur impoſer, ou ſi la crainte les forçoit de le ſubir en apparence, ce ne feroit que pour l'éluder avec moins de riſque en ſecret, juſqu'à ce qu'il s'offrit une occaſion favorable de le ſecouer tout-à-fait; bien loin donc de rétablir la vertu, tous ces ordres n'aboutiroient qu'à la faire haïr.

II°. Vous donc qui voulez qu'on l'aime, n'employez d'armes que les ſiennes, ſoyez indulgens, perſuaſifs, bienfaiſans comme elle; qu'on voye en vous non des Deſpotes ſuperbes, qui commandent le bien comme les Tyrans commandent les crimes, mais des Peres prudens & tendres, qui tremblans des dangers dont leur famille eſt menacée, ou gémiſſans ſur ſes malheurs, ont cherché avec le plus vif intérêt les moyens d'écarter les uns & de réparer les autres; montrez la liaiſon éternelle qui unit l'infortune au vice, & la proſpérité aux mœurs, ouvrez, s'il le faut, les Annales de la Patrie, ouvrez celles du monde entier, toutes confirmeront ces principes, & dépoſeront en votre faveur.

Et quel eſt en effet le ſiécle? quelle eſt la ville & le Peuple où la frugalité, le travail, l'économie, le reſpect pour la Religion, pour la pudeur & les Loix, n'ayent amené le bonheur ſur leurs traces, & où le mépris de tous ces devoirs n'ait enfanté les plus grands revers? Non, (*) Monteſquieu l'a dit, & ce grand homme n'a jamais rien dit ni de plus vrai, ni de plus beau, „ ce n'eſt point la „ fortune, qui régit le monde, c'eſt la ver-

(*) *Conſid. ſur la grand. des Rom. Ch. 18.*

„ tu ;" cette vertu eſt l'infaillible échelle ſur laquelle on doit meſurer la force réelle des Empires, & annoncer ſûrement leur élévation ou leur chute ; qui l'obſerve, monte à la gloire, qui la néglige, marche au précipice, c'eſt la vérité de tous les tems & de tous les lieux.

Cette vérité reſſort tellement de toutes parts dans l'hiſtoire, la raiſon la démontre en tant de manieres, qu'elle ne trouvera guere de contrediſans, ou du moins il ſera facile de les réduire au ſilence ; mais ce n'eſt là qu'un premier pas, le plus important reſte à faire, je veux dire l'application de cette maxime à l'état actuel du Peuple que vous traitez ; levez donc le voile impoſteur qui le cachoit à lui-même ; montrez-lui ſans exagération, ſans déclamation, mais avec ſincérité & avec chaleur les triſtes rapports qui l'uniſſent à tant d'Etats dont la deſtinée l'a fait friſſonner, qu'il lise sur leurs masures fumantes le sort affreux qu'il se prépare, qu'il se représente déja l'ennemi barbare fondant tout-à-coup sur ses villes, incendiant ses campagnes, foudroyant ses murs, & le forçant le fer à la main de racheter de son or, de sa liberté, peut-être de sa Religion une vie destinée ensuite à l'ignominie, à la misere & aux larmes; qu'il se peigne les cuisans remords dont il seroit alors déchiré, en pensant qu'il s'est égorgé lui-même, & que des mœurs différentes lui eussent fait un autre sort.

Si ces malheurs paroissent trop éloignés pour faire impression sur lui, montrez-les lui s'accumulant sur la tête de ses descendans, si tant d'images touchantes ou terribles ne l'affectent que foiblement, s'il résiste encore à la voix qui le conjure & le presse, renoncez dès lors à tous vos projets, vous aviez mal jugé de l'état des choſes, l'inclinaiſon eſt déja donnée, le mal eſt ſans remede; peut-être péririez-vous en voulant prévenir ſa perte, il vaut mieux vivre pour la retarder.

III°. Si moins aveuglés & plus ſages, ils prêtent l'oreille à vos inſtructions, ne vous preſſez pourtant pas d'agir, ſondez encore attentivement le terrain, pour connoître la maſſe qu'il eſt en état de porter; il ne s'agit pas en effet, on l'a dit ſouvent, de donner les Loix les plus parfaites en elles-mêmes, mais les meilleures qu'on puiſſe accepter & ſuivre, & c'eſt ici où la plus grande ſagacité peut être en défaut, ſi l'on n'y joint une égale circonſpection: deux partis s'offrent naturellement, celui de réparer l'ancien édifice, celui de l'abattre, pour lui en ſubſtituer un nouveau; mais que de choſes à diſcuter, avant que de faire un choix! Il faut d'abord analyser avec le plus grand soin le Systême actuel du Gouvernement, voir le tems qu'il a subsisté sans recevoir d'atteinte considérable, examiner les brêches par où l'ennemi est entré, & les moyens qu'on auroit de le rechasser, sans introduire de nouveaux abus ; si ceux qui regnent, sont en petit nombre, si leurs progrès ont été lents, s'ils ne sont pas enracinés, vous avez les plus grandes preuves de la bonté de l'ancien Systême, & il suffira d'en réparer les ruïnes; si votre examen vous donne des conclusions opposées, il faudra suivre un autre plan, en comparant cependant, toujours l'utilité d'une réforme entiere avec la difficulté du succès, & vous décidant enfin par les plus grandes probabilités; car il peut s'élever tant d'obstacles imprévus, qu'il est presque impossible en ces sortes de matieres de parvenir à la certitude.

Et ceci nous conduit à une réflexion importante, c'eſt que la grandeur ou la petiteſſe de l'Etat qu'on veut réformer, doit influer pour beaucoup dans la détermination pour ou contre l'abolition de l'ancien Syſtême; plus en effet un Etat eſt conſidérable, ſoit par ſon étendue, ſoit par ſa population, plus il eſt difficile au Légiſlateur d'avoir l'unanimité, de preſſentir tous les empêchemens qu'il lui faudra vaincre, & d'accourir aſſez à tems par-tout pour arrêter les fermentations & les troubles qu'un bouleverſement pareil excite preſque infailliblement, & c'eſt là ſans doute une des raiſons pour leſquelles on n'a jamais vu d'Empire, ou de grande République ſe réformer généralement: dans un petit Etat au contraire, le Légiſlateur ayant ſous les yeux l'enſemble des individus ſur leſquels il doit opérer, peut prendre beaucoup plus exactement ſes meſures, & étouffer fur le champ les femences de divifion qui ébranleroient fon ouvrage, avant même qu'il fut achevé.

IV°. Quelque parti que vous embraffiez, confervez tout ce que vous pourrez de l'ancien Syftême, fans nuire au nouveau; fuivez fur-tout cette méthode à l'égard des formes, que le Peuple prend prefque toujours pour l'effentiel, faites, en un mot, de maniere qu'en fubiffant les plus grands changemens, on croye prefque n'avoir pas changé de place: ce fut l'artifice du Tyran Octave, lorfqu'il donna des fers aux Romains; ayant vû que le titre de Dictateur avoit coûté la vie à fon Pere, il mit autant de foin à conferver l'extérieur de la liberté, qu'à la détruire dans fes fondemens; il affembloit les Comices, s'y faifoit élire Tribun, Conful, Grand Pontife, convoquoit affidument le Sénat, y faifoit agiter les intérêts de l'Empire, témoignoit beaucoup de respect pour ses membres & ses décisions; faites pour le bonheur des Peuples ce que le traître faisoit pour les asservir.

Je n'entre point dans le détail des Loix à substituer à l'ancien Systême, parce qu'elles doivent varier selon le génie, la puissance, les mœurs, le climat, la situation de chaque Peuple; Athenes & Rome vouloient être libres, Syracuse ne pouvoit souffrir ni une liberté entiere, ni une Monarchie absolue, les Cappadociens avoient besoin d'être esclaves.

Il seroit également impossible d'exposer le meilleur plan que puisse suivre le Législateur pour réformer chaque abus en particulier, parce qu'il n'est rien d'absolu à cet égard, & que tel moyen qui réussit admirablement dans un lieu, n'opérera rien dans un autre; comme tel autre employé sans fruit ailleurs, pourra produire chez vous les plus grands effets; on obtenoit tout des Athéniens, en réveillant leur émulation contre Lacédémone, l'intérêt du commerce décidoit Carthage, Rome n'écoutoit que la voix de l'ambition & de la Patrie.

V°. Une regle générale, c'est qu'il vaut infiniment mieux inspirer des mœurs qui préviennent les crimes, qu'établir contr'eux des Loix rigoureuses, dont la pitié même empêche qu'on ne venge toujours les infractions. Voulez-vous, par exemple arrêter la débauche & l'incontinence? Favorisez les mariages, accordez des privileges aux Chefs de famille, & en raison de leur famille, excluez des emplois les Célibataires; l'ambition & la vanité vous donneront bientôt un Peuple honnête & nombreux (*).

(*) Je ne puis m'empêcher de citer ici un mor-

La corruption vient-elle de l'introduction de quelque amusement futile? La passion du jeu commence-t-elle à faire sentir ses ravages, & à distraire les citoyens de l'amour & de l'attention qu'ils doivent au bien public? Le théâtre leur étalant ses charmes trompeurs,

ceau d'un grand Prince, qui a donné à la fois le précepte & l'exemple de la maniere dont on doit changer les Loix: „ Chez les Nations qui sortent „ à peine de la barbarie, il faut, dit-il, des Lé- „ gislateurs sévères; chez les Peuples dont les „ mœurs sont douces, il faut des Législateurs hu- „ mains.

„ S'imaginer que les hommes sont tous des Dé- „ mons, s'acharner sur eux avec cruauté, c'est la „ vision d'un Misantrope farouche; supposer que „ les hommes sont tous des Anges, & leur aban- „ donner la bride, c'est le rêve d'un Capucin im- „ bécille; croire qu'ils ne sont ni tous bons, ni „ tous mauvais, récompenser les bonnes actions „ au delà de leur prix, punir les mauvaises au des- „ sous de ce qu'elles méritent, avoir de l'indul- „ gence pour leurs foiblesses, & de l'humanité „ pour tous, c'est comme on doit agir un homme „ raisonnable." *Mémoire de Brandebourg T. 2. Dissertation sur les raisons d'établir ou d'abroger les Loix.*

leur ravit-il à la fois leur subsistance, leur temps, leur santé, leurs mœurs? Un fade commerce de galanterie les amollit-il près des femmes? Arrachez-les à tous ces plaisirs en leur en procurant de plus vifs & de plus faciles; ils achetoient les premiers, que les vôtres soient gratuits, & s'il le faut, lucratifs; qu'un vaste champ de Mars soit consacré à tous les exercices qui peuvent faire des hommes sains, adroits, vigoureux, les femmes même accourreront bientôt à ces spectacles, & en augmenteront l'intérêt & les charmes. Quand ces jeux n'auroient d'autre effet que de donner au corps la souplesse, la légèreté, la force, dont il est capable, vous devriez tout faire pour les établir: qui ne gémiroit en effet de voir, qu'en même tems qu'on reconnoît que la vigueur de notre ame dépend beaucoup de celle de nos organes, & que depuis quelques fiécles l'efpece dégénère fenfiblement à ces deux égards, on ne fait cependant rien, ou à-peu-près rien, pour arrêter ce fatal affoibliffement, qui nous promet pour Maîtres de nouveaux Hérules? Les anciens avoient compris comme nous l'influence étonnante du phyfique fur le moral, & l'ufage qu'ils firent de cette découverte, enfanta parmi eux des Peuples de Héros: nous prétendons les valoir, marchons au moins fur leurs traces, & n'étudions pas toujours la nature pour rendre nos fautes plus inexcufables.

O chers Helvétiens, tour-à-tour la terreur & l'appui des Peuples, c'eft à vous fur-tout que je m'adreffe aujourd'hui! Vous êtes braves encore, je le fai, le fang généreux de vos Peres bouillonne encore dans vos veines, & vous pourriez renouveller les trophées de Morgarten & de Sempach: fouffrez pourtant que je vous le dise, les semences des vices qui ont amolli vos voisins, ont déjà pénétré chez vous, & vous êtes perdus, si vous leur laissez faire de nouveaux progrès; mais voulez-vous les étouffer dans leur germe, & éterniser parmi vous la valeur & la liberté, soyez les rivaux de la Grèce, renouvellez ses jeux Olympiques, en faisant de sages Loix, travaillez sur-tout à faire des hommes, couronnez ceux que vous avez, & bientôt vous le serez tous.

Je ne répéterai point tout ce qu'on a dit contre l'éducation scientifique & verbeuse que nous donnons à la jeunesse, il est trop tard pour en revenir à l'heureuse simplicité de nos Peres, & nous contenter comme eux d'honorer notre Créateur, d'aimer nos semblables, & de cultiver nos campagnes; mais si nous avons besoin de savans, comprenons au moins que des défenseurs nous sont encor plus nécessaires, & qu'on est indigne de célébrer les Héros, quand on est incapable de les imiter.

VI°. Il ne suffit pas cependant d'opposer des antidotes aux vices, il faut encore en fermer les sources; remontez donc à l'origine du mal, & coupez-le dans ses racines; nos ames communes & foibles n'imaginent, pas même la multitude des ressources, que l'on peut trouver, quand on veut à tout prix conserver ou recouvrer sa vertu. „ Les Epidamniens, dit „ Plutarque sentant leurs mœurs se corrompre „ par leur communication avec les Barbares, „ élurent un Magistrat pour faire tous les „ marchés au nom de la Cité & pour la Ci- „ té (*)". Tout est possible & noble à qui veut fortement le bien. Si vous avez de même des voisins barbares, (& ne craignez pas de

(*) *Esprit des Loix L. IV. C. 6.*

donner ce nom à vos corrupteurs, fussent-ils couverts de dorure, & chargés de tous les trésors du Potose,) rompez, rompez absolument tout commerce avec eux; que vous restera-t-il, quand vous n'aurez plus de mœurs? Que vous manquera-t-il, tant qu'elles seront saines? Et quel est le pays au monde qui refuse à ses habitans les vrais besoins de l'humanité? Je sai que dans ce siécle fécond en monstrueux paradoxes, il s'est trouvé de futiles déclamateurs, & qui le croiroit? Des hommes de génie, qui sous les noms spécieux d'aisance & de goût, ont prétendu consacrer toutes les folies du luxe; mais sans répéter ici tous les argumens victorieux qui leur ont été opposés, je demanderai seulement, quel Etat a jamais péri, dont le luxe cruel n'ait préparé la chute?

Le luxe amollit à la fois le corps, & durcit le cœur, plus on donne à ses aises, moins on peut donner aux besoins d'autrui, le riche avec des besoins sans bornes, devient bientôt sans entrailles, le pauvre dédaigné, foulé, étouffe bientôt les remords, l'un est incapable de défendre la Patrie, l'autre n'attend qu'un acheteur pour la vendre; comment tarderoit-elle à périr?

Ce vice fatal est-il donc un de ceux qui travaillent votre République, pensez que c'est la blessure la plus importante à guérir, & que si vous échouez sur ce point, quand vous auriez réussi sur tous les autres, vous n'auriez rien fait. (*)

Mais

(*) La raison en est. 1°. que les autres vices n'attaquent jamais qu'une portion de l'Etat, que les parties saines peuvent secourir, au-lieu que le luxe infecte l'Etat entier, hommes, femmes, enfans, jeunes-gens, aisés, riches, pauvres; 2°. le luxe suppose toujours quelques autres maux, comme

Mais autant que le luxe est nuisible, autant est-il difficile à déraciner; vous trouverez de petites ames qui l'aiment comme un moyen de sortir de l'obscurité & du mépris où les laisseroit leur insuffisance; d'autres le défendront contre vous comme l'aliment des arts libéraux, & ne verront pas qu'il ôte cent fois plus d'une main qu'il ne rend de l'autre, & que semblable à Midas, il change en or nos alimens. Roidissez-vous donc contre leurs clameurs, si vous voulez réussir, & après avoir vainement tenté de les éclairer, sachez enfin les mépriser.

L'inégalité est en même tems mere & fille du luxe, elle l'introduit d'abord, & le luxe l'augmente ensuite; ainsi les coups que vous

me la tiédeur de l'amour patriotique, & il amene après lui tous les vices, la vénalité dans les Juges, la corruption dans les citoyens, le libertinage chez les femmes, la molesse chez tous, & même chez les guerriers; mais ce sujet demanderoit des traités & non pas des notes.

porterez à l'une, fraperont également l'autre; égalisez les fortunes, tout le monde aura le nécessaire commode, personne le superflu; mais comme une égalité exacte est la chose du monde la plus périlleuse à établir, & qu'elle demande des sacrifices dont bien peu d'hommes sont capables, j'aimerois mieux rendre aux riches leur opulence inutile, & enrichir le pauvre en diminuant ses besoins.

Ne vous contentez pas pour cela de défendre telle ou telle chose, défenses qui ne sont bonnes que jusqu'à-ce que le luxe, si fécond en nouveautés funestes, en ait substitué aux premieres d'autres, plus couteuses peut-être & plus dangereuses; je ne sais en effet s'il n'y a pas autant de mal à éluder les Loix qu'à les violer, & si celui qui joue le Législateur, est moins criminel que celui qui le brave; il est vrai que les Censeurs revoyent de tems en tems les Loix ſomptuaires, & proſcrivent les nouveaux abus, mais outre qu'il s'écoule toujours entre leur introduction & leur proſcription un intervalle funeſte d'impunité, les ſeconds réglemens n'étant pas moins que les premiers expoſés à être éludés, en demanderont bientôt d'autres, qui ne trouveront pas plus de ſoumiſſion; ainſi le Légiſlateur ſe fatigue inutilement, pendant que la multitude & la nouveauté de ſes Loix diminuent beaucoup du reſpect dont elles ont beſoin pour être obſervées, il ſe laſſe enfin de lutter inutilement contre le torrent, & il quitte le gouvernail au moment où il ſeroit le plus néceſſaire qu'une main ferme le tint.

Je ne vois qu'un moyen d'éviter ces inconvéniens, laiſſez tous ces longs détails de prohibitions, fixez, comme Lycurgue, la nature & la qualité de ce qu'on peut avoir ou porter, & profcrivez généralement tout le refte.

N'oubliez pas fur-tout d'attaquer le luxe par fes propres armes, il s'établit par le ridicule, c'eft par le ridicule qu'il faut l'écrafer, avec cette différence avantageufe à votre caufe, qu'au-lieu que celui qu'il jette fur la frugalité & la modeftie, n'eft qu'imaginaire, celui dont vous le couvrirez, fera réel & mérité: quoi de plus abfurde en effet, quoi de plus indigne de la majefté d'un Etre immortel, doué d'une ame penfante, & appellé à la félicité de Dieu même, que de chercher la fienne ici-bas hors de la vérité & de la vertu, de tirer gloire du nombre de fes befoins, & d'appeller à fon fecours pour être eftimé des étoffes, des chars, des métaux, & toutes ces brillantes miferes qu'il a plu à notre fiécle d'appeller pompe & magnificence?

Henri IV pour abolir l'ufage de la dorure,

la défendit à tous ses Sujets, excepté aux Comédiennes & aux Courtisanes, bientôt personne n'en osa porter, suivez la méthode de ce grand Monarque, je ne dis pourtant pas que vous deviez permettre le luxe à de telles gens, car si vous les tolériez chez vous, ce seroit bien inutilement, que vous y voudriez rétablir les mœurs, mais prévenez l'éblouïssement, que le faste a coutume de causer à la multitude, en ne le souffrant qu'en des objets de mépris; qu'aucun criminel, par exemple, ne marche au supplice, que couvert des ornemens que vous voudrez proscrire, le luxe, qui a si souvent conduit à l'échaffaut, y recevra le coup de mort.

VII°. Et comme il ne seroit pas raisonnable de confier à un ennemi la conduite d'un Etat, & que les infracteurs des Loix sont la pire espece de tous, j'aimerois que quiconque auroit été convaincu de les avoir violées plus d'une fois, fût exclus ſans retour de tous les honneurs. En effet, outre qu'il n'eſt pas naturel d'attendre de pareilles gens l'attention & la fermeté néceſſaires pour veiller au maintien des mœurs, les tranſgreſſeurs des Loix ne peuvent jamais les repréſenter dignement.

VIII°. Enfin ces Loix qui ont une langue pour ſe faire entendre, ont beſoin d'yeux pour ſe faire reſpecter, & comme les violations les plus ſecrettes ne laiſſent pas d'être dangereuſes, il s'enſuit delà que ces yeux ne ſauroient trop ſe multiplier; c'eſt par une ſuite de ces réflexions que pluſieurs Républiques anciennes & modernes, non contentes de donner aux Loix des Vengeurs d'office, ont rendu tous les citoyens Inſpecteurs nés les uns des autres, & les ont invités à faire connoître quiconque les mépriſeroit. Malheureuſement elles ont cru quelquefois devoir renforcer cette invitation par l'appât du gain, & ont produit un effet contraire.

La raiſon en eſt facile à comprendre; c'eſt toujours une choſe triſte pour un citoyen de publier les fautes d'un autre, & de s'attirer peut-être le reſſentiment de pluſieurs; le patriotiſme pourra cependant lui faire braver ces haines ſecrettes, tant qu'il ſera vraiſemblable qu'il n'a reçu d'inſpirations que de lui; mais dès l'inſtant que les accuſations peuvent lui faire un revenu, les intentions les plus pures deviennent ſuſpectes, le public malin doute ou feint de douter, que l'amour de l'argent plus que celui des Loix, n'ait animé l'accuſateur, bientôt celui-ci n'eſt plus regardé que comme un eſpion ou un délateur, & les plus honnêtes gens laiſſent périr les Loix, de peur de ſe perdre de réputation.

Laissez donc aux Tyrans ces vils moyens d'exciter le zèle de leurs Satellites, il est bien juste, qu'ils donnent quelque chose à ceux qui leur ont tout sacrifié; mais vous, qui avez ou qui formez des citoyens, ne leur demandez rien qu'au nom de la Patrie ; si cet unique motif ne les détermine pas, ils sont indignes de la servir, ils sont indignes d'en avoir une.

A la satisfaction intérieure d'avoir bien mérité d'elle, je ne vois qu'une seule récompense honnête qu'on pût ajouter, ce seroit une attestation de chacun de ces services donnée par le Magistrat, & qui ne contiendroit qu'un à-peu-près de ces mots: „ La Patrie remercie „ tel citoyen de son zèle pour l'observation „ de ses Loix: " ces attestations pourroient devenir des titres de préférence aux emplois, & toutes choses égales d'ailleurs, il seroit bien naturel qu'on les conférât à ceux qui en relevant les fautes des autres, ont contracté en quelque maniere une obligation plus étroite de n'en point commettre eux-mêmes.

C'eſt ſans doute cet eſprit qui avoit dicté l'uſage ſi admiré de l'ancienne Rome, par lequel les jeunes gens qui prétendoient aux honneurs, entroient dans la carrière en attaquant quelque coupable illuſtre; c'étoit une eſpece d'épreuve que la Patrie faiſoit des lumieres & du courage avec leſquels ils défendroient ſes inſtitutions, quand elle leur en auroit confié le ſacré dépôt. Puiſſiez-vous trouver parmi vous beaucoup de tels Zélateurs! Puiſſiez-vous en avoir rarement beſoin!

DIALOGUE

BRUTUS ET CÉSAR

Aux Champs Elisées.

CÉSAR.

AH! mon fils, je te retrouve. Les Dieux en m'accordant l'Elisée, m'ont assuré que je ne jouïrois du bonheur qu'après m'être reconcilié avec toi; & ils ont trop bien rempli leur promesse. Sans sentir absolument des remords, le trouble & l'inquiétude me suivent par-tout; j'ose à peine contempler les habitans de ces lieux; & plus d'une fois ils ont fui ma présence. Ah! Brutus, vien calmer mon ame agitée; je te pardonne ta vertu barbare; j'oublie que tu as été mon assassin, permets-moi d'être ton ami.

BRUTUS.

Ainsi, Grands Dieux, vous êtes à la fin justes! Ainsi vous éclipsez la félicité de l'homme qui a fait des infortunés.... César, tu ne peux être heureux ici qu'avec moi, mais j'y serois très-malheureux avec l'oppresseur de ma Patrie. Je demanderai aux Dieux le Tartare, plutôt que de souffrir ta société; j'y porterai mon bonheur, car j'y porterai ma conscience.

CÉSAR.

Quoi, César est mort, & ta haine vit encore! Je t'ai sauvé deux fois le jour que tu m'as ravi, & c'est moi qui te demande envain que tu oublies ton crime!

BRUTUS.

C'est bien à toi de parler de crime, cruel! penses-tu que le sang de tes concitoyens que tu fis couler, ait dû rendre le tien ſacré?

CÉSAR.

Ecoute. J'ai ſauvé cette Rome que tu chéris tant ; elle n'avoit pas moins à craindre des Helvétiens que des Cimbres; j'ai rechaſſé ces Helvétiens, j'ai ajouté les Gaules à ſon Empire; & tous ces ſervices de citoyen doivent bien me faire pardonner d'avoir été un héros.

BRUTUS.

Non, il eut mieux valu à Rome d'être ravagée par les barbares qu'aſſervie par ſes enfans; & que lui importoit d'être maîtreſſe du monde, ſi elle ſouffroit un Tyran?

CÉSAR.

Moi, un Tyran? Céſar qui pardonna à ſes ennemis, qui pleura ſur la cendre de Pompée, qui vous aſſocia tous aux fruits de la victoire, & qui pouvant en jouïr dans ſa Patrie, alloit en Orient expoſer ſes jours pour venger votre gloire?

BRUTUS.

Va, je ne te pardonne pas tes vertus; elles nous ont ravi les nôtres; c'eſt parce que tu as affecté de la clémence, que nous avons ſouffert l'eſclavage; ſi tu avois été un barbare, peut-être euſſions-nous été des hommes.

CÉSAR.

Il n'eſt donc pas poſſible que tu te repentes de ma mort; eh bien, tu crois Céſar un oppreſſeur, tu ne le croiras pas un fourbe, je te jure par les ondes du ſtix que tu es mon fils.

BRUTUS.

Je ne ſçai ſi tu m'as donné un corps; c'eſt un reproche qui m'a été fait; mais Caton m'a donné une ame, c'eſt mon vrai pere. Tu l'as forcé à mourir lui & les meilleurs citoyens de la République ; étoit-ce trop de ton ſang pour appaiſer leurs mânes ?

CÉSAR.

AH, mon fils ! Les Droits de la Nature ſont avant ceux de la Patrie ; il y a eu des Peres, avant qu'il y eût des Etats.

BRUTUS.

BRUTUS mon ayeul n'en jugeoit pas ainſi : il fit mourir ſon fils qui avoit inutilement attenté à la liberté de Rome, devois-je t'épargner toi qui l'avois ravie ? Tu te dis mon Pere, & Rome n'étoit-elle pas ma Mere ? Ne voyois-je pas mes freres dans mes Concitoyens ? & parce que Servilie a pu être une adultère, devois-je renoncer à être le bienfaiteur d'un million d'hommes.

CÉSAR.

Non, les Romains n'étoient pas tes freres; je n'aurois eu garde d'attenter fur un Peuple de Brutus; mais je vis, & tu dus voir comme moi, que Rome étoit accablée du poids de fa liberté & de fa grandeur; que les Grands afpiroient tous à l'affervir, les citoyens à la vendre, les légions à la piller. N'étoit-ce pas lui rendre fervice, que de lui ravir des droits qui faifoient fon malheur & celui du monde?

BRUTUS.

Il est bien pardonnable de douter longtems, quand il s'agit de s'affurer de la honte de fa Patrie. Les fureurs impunies de Marius & de Sylla m'avoient déja appris que Rome n'étoit guere, ainfi qu'à fa naiffance qu'un repaire odieux d'efclaves & de brigands: cependant il lui restoit encore des hommes; on avoit résisté à Catilina ; Caton & Cassius vivoient ; & j'espérois en t'arrachant l'ame, ranimer mes citoyens abattus.

CÉSAR.

L'ÉVÉNEMENT a dû au moins te détromper; car j'ai appris les guerres civiles qui ont suivi ma mort, & en particulier le succès de la bataille de Philippes.

BRUTUS.

OUI, j'y fus vaincu par deux traîtres, ou sortis de ton sang, ou formés à ton école. Mais n'importe, j'avois appris à tous les Républicains que les tyrans peuvent être invincibles, & ne sont jamais immortels.

CÉSAR.

AH! Brutus, je te le répète, Rome étoit trop dépravée pour conserver sa liberté. J'aurois

rois réformé la licence, & réprimé la rapacité des Publicains; le joug des Provinces allégé les eût attachées à notre Empire; Rome eût joui en paix du fruit des vertus de ses Peres.

BRUTUS.

Oui, elle devoit infailliblement subir l'Esclavage, & malgré cela, malheur à celui qui oseroit l'y réduire. Un Etat libre n'est jamais si corrompu, qu'il ne se corrompe cent fois plus sous un maître. Vous autres Tyrans, punissez les crimes, qui demandent une audace que vous redoutez; & vous fomentez les vices qui amolissent les courages, & vous laissent la liberté d'être barbares tout seuls. Oseras-tu dire que ce fut par amour pour ta Patrie, que tu répandis le sang de ses enfans en Italie, en Grece, dans l'Afrique & l'Espagne?

CÉSAR.

Non, mais crois-tu que j'eusse été un barbare ? Et si Rome devoit souffrir un Maître, qui méritoit mieux de l'être que moi?

BRUTUS.

Je veux que tu n'eusses pas abusé de ta puissance; je t'ai déja dit que la douceur des premiers oppresseurs des Peuples produit autant de mal que de bien, elle l'apprivoise avec la servitude, elle le dispense d'avoir de la vertu, car s'il en avoit, il voudroit être libre; elle le façonne si bien au joug, qu'il n'a plus la force de le secouer, à quelque point qu'on l'aggrave.

CÉSAR.

Etoit-ce décourager la vertu que de recompenser si noblement la tienne & celle de Cassius ? Je vous donnai des Gouvernemens, ou plutôt je vous mis en état de me tuer impunément.

BRUTUS.

Que te devons-nous, César, si la République nous eût donné les places que tu nous reproches? Vous êtes singuliers, vous autres Princes des Peuples ; vous ne pouvez vous passer de Représentans & de Ministres, & vous ne laissez pas d'accorder comme une grace ce que vous seriez forcé de donner, si notre basse avidité n'empêchoit toujours que vous sentissiez combien nous vous sommes nécessaires. Mais ce ne fut point mon cas; je ne te demandai rien, César, ni la vie, ni ce qu'on en appelle les grandeurs. Tu me les accordas volontairement; & s'il y a quelqu'un de nous redevable à l'autre, c'est assurément toi ; quel honneur ne faisions-nous pas à ton administration?

CÉSAR.

Oui, tu as raiſon, mon cher Brutus. Un voile épais tombe de mes yeux. Je comprends qu'un citoyen eſt plus qu'un Héros, & que je devois reſpecter la liberté de Rome, tant qu'il lui reſtoit un Caton, ou un Brutus. Je te pardonne de bon cœur ma mort, que faut-il que je faſſe, pour que vous ceſſiez de me déteſter?

BRUTUS.

Il te ſuffit de déteſter ta conduite. C'eſt elle, & non Céſar que nous abhorrions. Nous te reprochions & le mal que tu faiſois, & le bien que tu pouvois faire; mais tu redeviens grand à mes yeux en maudiſſant ta grandeur paſſée; je m'honorerois du nom de ton fils, ſi toutes ces diſtinctions ne s'évanouiſſoient en ces lieux. Mais vien réjouïr

Caton par tes remords, & formons avec lui un Triumvirat de vertus & d'amour, plus glorieux mille fois que celui d'ambition & de tyrannie que tu formas jadis avec Craſſus & Pompée.

FIN.

CATALOGUE

Des Ouvrages de Mr. J. J. Rousseau imprimés chez *Rey* Libraire *à Amsterdam*, avec Privilege de LL. HH. PP.

OEuvres diverses de J. J. Rousseau.

Tome I. contenant

DISCOURS. Si le rétablissement des Sciences & des Arts a contribué à épurer les Mœurs.

OBSERVATIONS sur la réponse qui a été faite à son Discours.

LETTRE de Mr. J. J. Rousseau à Mr. Grimm, sur la Réfutation de son Discours par Mr. Gautier.

DERNIÈRE RÉPONSE de Mr. J. J. Rousseau.

NARCISSE, ou l'Amant de lui-même Comédie.

LETTRE sur la Musique Françoise.

LE DEVIN DU VILLAGE, Intermède.

DISCOURS sur l'Economie Politique.

EXTRAIT du Projet de Paix perpétuelle de Mr. L'Abbé de St. Pierre.

On peut avoir ce Volume séparément à *f* 1 : 5 argent de Hollande.

Tome II.

DISCOURS sur l'origine & les Fondemens de l'Inégalité parmi les hommes. à 15 sols

LETTRE contre les spectacles, en réponse à Mr. D'Alembert sur son article GENÈVE dans le VIIme. Volume de l'Encyclopédie. à 15 sols

Tome III.

PRINCIPES du Droit Politique. à 15 sols

LETTRE de J. J. Rousseau à Christophe de Beaumont Archevêque de Paris au sujet d'Emile. à 12 sols

On peut avoir chaque partie séparément des Tomes II. III.

CATALOGUE.

Tome IV, V, VI.

Jullie, ou la Nouvelle Heloïse. Lettres de deux Amans habitans d'une petite Ville au pied des Alpes recueillies & publiées par J. J. Rousseau, seconde Edition originale, revûe & corrigée par l'Editeur avec figures. à *f* 3 : 15

Ceux qui prendront les Oeuvres en VI tomes ne les payeront que *f* 7 : 10. de Hollande.

Ledit Libraire a encore quelques exemplaires de la première Edition des Ouvrages suivans.

Discours sur l'Inégalité parmi les hommes 1 vol. grand in octavo. à *f* 1 : 10

Lettre contre les Spectacles 8. à *f* 1 : 10

Principes du Droit Politique 8. à *f* 1 : 10

Julie, ou la Nouvelle Heloïse en 6 Volumes première Edition. à *f* 5 : 5

La Nouvelle Préface. à *f* o : 5

Les Figures de la Nouvelle Heloïse. à *f* 1 : --

Bibliotheque de Campagne ou Amusemens de l'Esprit & du cœur. 12 vol. 12. Amsterd. (Voyez le Journal des savans May 1758.)

Cabinet des Fées de Madame d'Aunoy 12. 8 vol. en 14 Part. fig. Amst. 1754-1760.

Campagne du Maréchal Duc de Noailles, en Allemagne, l'an 1743. Contenant les Lettres de ce Maréchal & celles de plusieurs autres Officiers-Généraux, au Roi & à Mr. D'Argenson Ministre au Département de la Guerre. Receuil très-intéressant & d'autant plus digne de l'attention du Public, qu'il a été formé sur les Originaux qui font au Dépôt de la Guerre de la Cour de France, 12. 2 vol. Amst. 1761.

Campagnes du Maréchal de Coigny en 1743 & 1744. 8 vol. in-douze.

——— de Mrs. les Maréchaux de Villars, Marsin, Villeroi, Tallard, & du Marquis de Bedmar en Allemagne, dans les années 1703 & 1704 en 7 vol. *ibid.* 1762. à *f* 7 : 10

Ces 17 vol. font imprimés avec Privilège de L.L. H.H. PP.

Dictionnaire (Supplément au) de Bayle, par Mr. de Chauffepied, fol. 4 vol.

——— Géographique de la Martinière, fol. 9 vol. 1739. On peut avoir séparement les Tomes 2, 4, 5, 6, 7, 8.

——— du Citoyen, 8. 2 vol. 1761.

Arithmetica Universalis, autore. Is. Newton, cum Commentario Joannis Castillionei Professoris Philosophiæ, Ultrajecti 4. 2 vol. Amstelodami Rey. 1761 - 1763.

L'Homme en Société 8. 2 vol. Amst. 1763.

République de Platon ou Dialogues sur la Justice, 12. 2 vol. Amst. 1763.

Abrégé Chronologique de l'Histoire du Nord, 8. 2 vol. 1763.

Additions à l'Histoire Universelle de Mr. de Voltaire, 8. 1 vol.

Histoire du Czar Pierre I. par Voltaire, 8. 2 vol. Amst. fig. 1761 - 1763.

—— dito, Tome II. séparement avec le portrait du Czar gravé en Cuivre.

Assertions (Extrait des) des Jésuites, 8. 3 vol. 1763.

www.ingramcontent.com/pod-product-compliance
Ingram Content Group UK Ltd.
Pitfield, Milton Keynes, MK11 3LW, UK
UKHW021307190726
13839UKWH00007B/85

9 782329 611860